# Business Analysis
Methods and techniques

データから
企業を
読み解く

経営分析入門

関西大学教授
齋藤雅子
Saito Masako

駒澤大学教授
河合由佳理
Kawai Yukari

著

同文舘出版

# まえがき

　企業は私たち個人が日々の生活を送るうえで欠かせない存在です。なぜなら、企業がビジネスを担い、経営活動を行うことで、生活必需品から娯楽や趣味に資する多種多様な商品や製品、サービス（いわゆる財・サービス）を提供しているからです。つまり、企業の存在なくして私たちの生活は成り立たないといえます。企業はさまざまな業種・業態でビジネスを展開し、利益獲得を目的に活動を行う組織です。生活日用品を製造・販売する企業、音楽配信サービスを手掛ける企業、ネットワーク通信サービスや電気・ガスなどエネルギーを提供する企業などはほんの一例です。皆さんは消費者として特に意識しないまま複数の企業と日々関わりを持っています。

　人間と同じように、企業には同じ業種・業態であってもそれぞれ特性があり、また経営状況も異なります。売上や利益が順調に獲得でき、業績が好調な企業もあれば、積極的に投資を実行する企業もあるでしょう。また大規模な設備投資計画を念頭に資金調達を進める企業もあるでしょう。一方、思うように事業で利益を獲得できず、資金不足に陥っている企業があるかもしれません。企業が提供する財・サービスによって、個人が企業と関わる頻度や態様には差があるものの、自身が関わりを持つ企業について、皆さんはどの程度知っている、あるいは、理解しているでしょうか。

　デジタル社会において企業を可視化するためには、1つの視点ではなく、複数の視点で捉え、総合的な視点で企業を評価していくことがより求められています。あるモノの断面を見る際、切り口は1つではなく、むしろ複数の切り口があり、見え方がちがってくるのと同じです。これは、企業の分析においても当てはまります。企業がどのような経営状況であるかを知るには、開示された企業情報（データ）をもとに、収益性、成長性、安全性、効率性といった、各特性に応じた視点で観察しなければなりません。分析指標を組み合わせることで、総合的かつ効果的に企業の特性を読み解くことができます。また評判やブランドといった外見上の特徴を分析の突破口とするのではなく、広く公表された企業情報という客観的な根拠にもとづき分析を行うことが大事です。

i

しかし、デジタル技術の進展により、企業の経営活動はますます迅速な対応や変化を求められますので、動きのある企業を対象とする分析は簡単にはいきません。また分析に用いるデータの範囲は拡大し続けており、財務諸表で示される情報のみならず、いまやサステナビリティに関連する情報にまで広がりを見せています。社会人となれば、これまで以上に1人の消費者としてだけでなく、投資家や債権者、取引先、経営者、従業員などといったさまざまな立場で企業と関わっていくでしょう。

　本書の特徴は、一般的な書物では別々に取り上げられているトピックを1つの書物にまとめた点にあります。財務諸表を用いた分析手法と財務諸表の作成手続きを同時に取り扱うという試みを通じて、会計情報にまつわる専門用語や内容に対する理解をできるだけ進めやすくするという効果を期待したものです。本書は2部構成としています。第1部は、「会計情報を活用する」と題し、企業を分析する理由、分析準備のための情報入手、分析手法、分析の発展という4つのレッスンで段階別に取り上げ、分析に求められる基礎的な用語や内容、指標の解説をしています。第2部は「会計情報を形づくる」と題し、分析対象としての財務諸表の作成に向け日常的に行われる取引の記録、決算手続き、財務諸表の開示ルールや目的別利用を4つのレッスンで取り上げ、解説しています。

　企業が開示する財務諸表を中心とする会計情報を用いて分析を行うための知識醸成をぜひ目指してみませんか。本書を通じて培った分析能力を活用し、読者の皆さんが企業の経営活動を過去から現在、そして将来への見通しに至る趨勢で、総合的に観察することにより、自身が高度情報人材としていかに企業と関わっていくのかの判断や行動に役立てることを期待しています。


2025年3月


齋藤雅子（関西大学）

河合由佳理（駒澤大学）

# 目　次

まえがき　*i*

---

# 第1部　会計情報を活用する
## 〜財務諸表を根拠とする分析〜

---

## レッスン1　企業をなぜ分析するのか

### 第1章　分析の対象 ——————————————————— *4*

- ① ビジネスを担う企業　*4*
- ② 企業の経営活動と資金循環　*6*
- ③ 企業の資金調達　*8*
- ④ 企業のリスクマネジメント　*10*

### 第2章　分析の意義 ——————————————————— *12*

- ① 企業情報の開示　*12*
- ② 法定開示と関連法令　*14*
- ③ 企業に関わる人々と目的　*16*
- ④ 投資家の立場　*18*
- ⑤ 消費者の立場　*20*

## レッスン2　情報を入手する

### 第3章　財務情報 ——————————————————— *24*

- ① 財務諸表とは　*24*

iii

② 損益計算書　*26*

③ 貸借対照表　*28*

④ キャッシュ・フロー計算書　*30*

⑤ 財務三表　*32*

## 第4章　情報の入手方法 —————————————————— *34*

① 有価証券報告書　*34*

② 有報以外の書類　*36*

③ EDINET　*38*

④ 企業の運営するWebサイト（コーポレートサイト）　*40*

## 第5章　情報の特性と情報倫理 ————————————— *42*

① 情報の特性　*42*

② 情報倫理（情報モラル）　*44*

③ ファクトチェック　*46*

④ 情報の信頼性　*48*

# レッスン3　分析を行う

## 第6章　分析の視点と手法 ———————————————— *52*

① 企業特性と財務指標　*52*

② 時系列分析とクロスセクション分析　*54*

## 第7章　損益計算書を用いた分析 ———————————— *56*

① 収益性の分析指標　*56*

② 成長性の分析指標　*58*

## 第8章　貸借対照表を用いた分析 ———————————— *60*

① 安全性の分析指標（短期）　*60*

② 安全性の分析指標（長期）　*62*

③ 成長性の分析指標　*64*

## 第9章　複表を用いた分析 ——————————————— 66

① 複表による収益性の分析指標　*66*
② 複表による安全性の分析指標　*68*

## 第10章　キャッシュ・フロー計算書による分析 ——————— 70

① キャッシュ・フローの評価　*70*
② 営業CFの表示方法とCFのパターン　*72*
③ 複表を用いた分析　*74*

## 第11章　その他の定量分析 ——————————————— 76

① 効率性の分析指標　*76*
② 生産性の分析指標　*78*
③ 成長性の分析指標　*80*

# レッスン4　分析の応用力を養う

## 第12章　比較分析 ——————————————————— 84

① 競合他社との比較（クロスセクション分析の例）　*84*
② セグメント情報の活用　*86*
③ EBITDAの活用　*88*

## 第13章　ガバナンス関連情報 ——————————————— 90

① コーポレート・ガバナンス　*90*
② スチュワードシップと責任投資　*92*
③ サステナビリティ情報　*94*

## 第1部付録　応用問題 ————————————————— 96

v

# 第2部 会計情報を形づくる
## ～財務諸表を作成する～

## レッスン5 取引をどのように記録するのか

### 第14章 記録方法を学ぶ必要性 ——————————— 104

- ① 企業の活動と簿記　*104*
- ② 簿記の目的　*106*
- ③ 貸借対照表と損益計算書　*108*
- ④ 財務諸表のつながり　*110*

### 第15章 取引の記録の概要 ——————————— 112

- ① 取引の記録　*112*
- ② 取引記録のルール（資産、負債、純資産）　*114*
- ③ 取引記録のルール（収益、費用）　*116*
- ④ 仕訳と転記　*118*
- ⑤ 記録の集計（試算表）　*120*
- ⑥ さまざまな帳簿　*122*

### 第16章 取引の記録と貸借対照表への影響 ——————— 124

- ① 資産が増減する取引　*124*
- ② 負債が増減する取引　*126*
- ③ 純資産が増減する取引　*128*

### 第17章 取引の記録と損益計算書への影響 ——————— 130

- ① 収益が発生する取引　*130*
- ② 費用が発生する取引　*132*
- ③ 商品売買の処理　*134*
- ④ 発生主義　*136*

## レッスン6　決算手続きを行う

### 第18章　決算手続きの概要 ──────────────────── 140

① 決算の手続き　*140*

② 未処理事項と決算整理　*142*

③ 帳簿の締め切り　*144*

④ 精算表　*146*

### 第19章　決算整理 ──────────────────────── 148

① 現金過不足、経過勘定項目　*148*

② 商品　*150*

③ 売上原価　*152*

④ 有形固定資産　*154*

⑤ 減価償却費　*156*

## レッスン7　財務諸表を開示する

### 第20章　財務諸表の開示と税務 ──────────────── 160

① 会社法にもとづく開示　*160*

② 金融商品取引法にもとづく開示　*162*

③ 監査　*164*

④ 税務会計　*166*

### 第21章　会計処理のルールと表示 ──────────────── 168

① 会計基準　*168*

② IFRSによる財務諸表　*170*

## レッスン8　さまざまな目的で使う

### 第22章　原価の活用 ———————————————— *174*

　①　原価計算　　*174*
　②　CVP分析　　*176*

### 第23章　M&Aでの活用 ———————————————— *178*

　①　M＆A　　*178*
　②　のれん　　*180*

### 第２部付録　簿記の手続きで作成する帳簿 ———————— *182*


あ と が き　　*189*
参 考 文 献　　*191*
日本語索引　　*201*
英 語 索 引　　*207*

# データから企業を読み解く
# 経営分析入門

# 第1部
# 会計情報を活用する
## ～財務諸表を根拠とする分析～

# レッスン1

## 企業をなぜ分析するのか

第 1 章　分析の対象

## ① ビジネスを担う企業

理解したら
Check!!

- **企業**（business enterprise）は、営利を目的として継続的に生産、販売、サービスなどの経済活動を営む組織体をいう。 □

- 人々の暮らしや社会に欠かせない商品や製品、サービスを提供するビジネス（business）を担うため、企業は経営活動（management activities）を行う。 □

- 企業が広く社会に影響を及ぼす立場として、社会に対する責任を有するという考え方を、「企業の社会的責任」（CSR：Corporate Social Responsibility）とよぶ。 □

### ココが**ポイント** POINT

- 企業は、資本の出資者（所有者）や経営の目的により法律上、私企業、公企業、公私合同企業の 3 つに区分される。民間の出資・所有によって営まれる私企業（private company）が大多数を占めている。私企業を民間企業とよぶこともある。

- 私企業には、個人、組合、会社の形態があり、主は会社の形態をとっている。

- 日本のすべての会社は、会社の設立、組織、運営および管理について他の法律に特別な定めがある場合を除き、会社法に従わなければならない。会社法では、会社を「株式会社、合名会社、合資会社又は合同会社」（第 2 条第 1 項）と定めている。

### 会社の法的区分（会社法）

株式会社　　合名会社　　合資会社　　合同会社

持分会社

4

## ＜経営資源＞

　**経営資源**（management resource）は、企業が経営を行うにあたって役立つ重要な要素を意味する。中でも「ヒト」、「モノ」、「カネ」、「情報」は四大経営資源と位置づけられている。また「時間」、「知的財産」、「システム」を経営資源に加える説もある。

**経営資源の例**

ヒト　…　人材（従業員）、人脈、組織
モノ　…　商品、製品、設備・機器
カネ　…　資金
情報　…　顧客情報、販売動向、財務データ

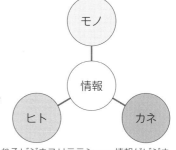

出典：齋藤雅子（2024）『データサイエンティストに求められるビジネスリテラシー――情報がビジネスを生み出し、マネジメントを支え、社会を変える―』、同文舘出版、104ページ。

---

**Memo**

### 情報の経営資源における重要性

　デジタル社会の進展により企業の経営における「情報」の重要性が高まっています。情報が他の3要素と有機的につながることで経営資源の中心的な役割を果たしています。近年、企業の運用する情報システムに不具合やエラーが発生し、社会に大きな影響を及ぼす事例が増えています。

## 第1章 分析の対象

## ② 企業の経営活動と資金循環

- 企業の経営活動は、主に財務活動、投資活動、営業活動という3つの活動に区分され、資金の循環と密接に関わっている。
- 企業の経営活動においては、財務活動（資金調達）、投資活動（資金投下）、そして営業活動（資金回収）という資金のスムースな流れで循環する。→下図表参照
- 資金の循環がうまくできなくなった場合、黒字でも倒産する可能性がある。

### ココがポイント

- 財務活動（financing activities）は、企業が経営に必要な資金を調達する活動をいう。
- 投資活動（investing activities）は、企業が将来の利益獲得を念頭に、経営活動に役立てるため、調達資金を資産等の取得に投下する活動をいう。
- 営業活動（operating activities）は、投資により取得した資産等を有効に活用して財・サービスを提供し、利益を得る活動をいう。

＜資金の循環（企業の経営活動と資金の関係）＞

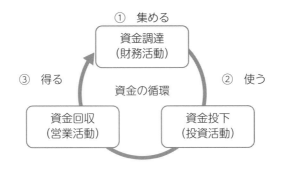

図表の解説は右ページ記載

**左図表解説：資金の循環の仕組み**

① 「集める」（財務活動）：企業が外部から経営に必要な資金を集める活動には、金融資本市場における株式や社債の発行、金融機関からの借入等があり、企業は必要な時期に必要な金額を調達する財務体質を問われる。

② 「使う」（投資活動）：企業が調達した資金を有効にかつ効果的に活用して将来の利益獲得につなげる投資先として、商品や製品、サービスを販売するために必要な土地や建物、倉庫や機械設備など資産を取得する。なお、資産は企業が所有する金銭的価値のある財産を意味する。

③ 「得る」（営業活動）：利益は企業が販売する商品や製品、サービスの提供と引き換えに顧客から得る代金のうち、必要な費用を差し引いた残りである。利益獲得は外部からの資金回収を意味し、回収した資金は将来の経営活動に生かされる。

> **Memo**
>
> 資金投下と投資
>
> 　企業は将来も経営を継続する前提で利益を獲得し続ける必要があります。調達した資金を無駄にせず、いかに効率的に役立てるかを念頭に、どの資産に資金投下（投資）を行うかを判断していきます。資産は企業が所有する金銭的価値のある財産を意味します。
>
>
>
> ＜参考：用語の整理＞
> 資金投下は、調達した資金を異なる形の資産（実物資産や金融資産）に投下することをいいます。投資は、利益を得る目的で、資金を事業や不動産、証券などに投下すること、また将来を見込んで金銭や力をつぎこむことをいいます。
>
> 出典：みずほ証券×一橋大学ファイナンス用語集「財務諸表」、https://glossary.mizuho-sc.com/category/show/59?site_domain=default、小学館デジタル大辞泉「投下」および「投資」、https://kotobank.jp/（いずれも2024年8月12日閲覧）。

第1章　分析の対象

― 第 1 章　分析の対象 ―

## ③　企業の資金調達

理解したら
Check!!

- 企業の資金調達方法には、主に金融資本市場における株式や社債の発行、金融機関からの借入等がある。
- 企業が株式や社債の発行により、資金を投資家から直接出資してもらう形態を、**直接金融**という。
- 金融機関が仲介者として預金者の資金を必要とする企業等に貸し出し、間接的に資金を提供する形態を、**間接金融**とよぶ。

### ココがポイント POINT

- 資金調達にあたって株式や社債の発行あるいは金融機関からの借入を行う場合、企業は取引所や金融機関の所定の審査を経なければならない。
- 金融資本市場は、資金を取引する場と位置づけられ、資金を供給する者（出資者）と、資金を需要する者（企業）を仲介する役割を担う。資金は市場あるいは金融機関を通じて取引される。
- 直接金融による資金調達では、企業が株式を発行し、売買を行う資格を取引所から得たうえで、市場を介して出資者から直接資金を得る。→第2章④関連
- 間接金融による資金調達では、企業が資金の貸出（融資）を金融機関に申請し、所定の審査を経たうえで実行可否が判断される。金融機関が貸し出す資金は預金者の預金が原資となるが、預金者は資金の貸出先や貸出についての詳細を知ることはない。金融機関は、資金を供給する預金者と、資金を需要する企業を仲介する役割を担う。

## ＜金融資本市場における資金の流れ＞

出典：齋藤雅子（2024）『データサイエンティストに求められるビジネスリテラシー―情報がビジネスを生み出し、マネジメントを支え、社会を変える―』、同文舘出版、126ページをもとに筆者加筆。

## Column
### フィンテックとクラウドファンディング

　フィンテック、クラウドファンディングは、それぞれ複数の用語を組み合わせた造語です。フィンテックは、インターネットやAI、ビッグデータ、ブロックチェーン、デジタル通貨などの情報技術を活用した新たな金融サービスを指し、クラウドファンディングも含まれます。クラウドファンディングは、インターネット上で不特定多数の人から広く、手軽に資金調達が可能なサービスであり、株式や社債の発行や金融機関からの借入で求められる審査の必要がないのが特徴です。

フィンテック（FinTech）　　　　　　　＝金融（Finance）＋技術（Technology）
クラウドファンディング（crowdfunding）　＝群衆（crowd）＋資金調達（funding）

出典：消費者庁（2010）「第38回インターネット消費者取引連絡会　クラウドファンディングサービス『READYFOR』の取組みについて」、https://www.caa.go.jp/policies/policy/consumer_policy/meeting_materials/assets/internet_committee_201013_0008.pdf（2024年11月5日閲覧）、消費者庁（2023）「令和5年版　消費者白書」、120ページ。

# 第 1 章　分析の対象

## ④ 企業のリスクマネジメント

- 企業の経営上生じるリスクには、事業遂行に関連するリスク、ハザードリスク、経営戦略リスク、財務リスクなどがある。不正もリスクに含まれる。
- 経営上生じるリスクは企業外部と企業内部に潜み、予測が難しいことから、企業は日頃から情報の収集や検討を行い、発生の可能性があるリスクの要因分析や評価を通じてリスクの排除や回避に向けた戦略を立てる。これを、**全社的リスクマネジメント**（ERM：Enterprise Risk Management）という。

### ココがポイント

- **COSO**（アメリカ・トレッドウェイ委員会支援組織委員会）の改訂版フレームワーク「全社的リスクマネジメント」（2017）によれば、リスク（risk）は、事業戦略およびビジネス目標の達成に影響を与える不確実性であり、全社的リスクマネジメント（**ERM**）は、組織が価値を創造し、維持し、実現する過程においてリスクを管理するために依拠する、戦略策定ならびに実行と一体化したカルチャー、能力、実務である。→下図表参照

COSO の ERM

出典：COSO（2017）Enterprise Risk Management-Integrating with Strategy and Performance、一般社団法人日本内部監査協会訳（2018）『全社的リスクマネジメント　全社的リスクマネジメントの環境・社会・ガバナンス関連リスクへの適用　エグゼクティブサマリー』、7ページ。

## <リスクコントロールの手段>

| 手段 | 対策・方法 |
|---|---|
| 回避 | リスクを伴う活動自体を中止し、予想されるリスクを遮断する対策（リターンの放棄を伴う） |
| 損失防止 | 損失発生を未然に防止するための対策、予防措置を講じて発生頻度を減じる |
| 損失削減 | 事故が発生した際の損失の拡大を防止・軽減し、損失規模を抑えるための対策 |
| 分離・分散 | リスクの源泉を一か所に集中させず、分離・分散させる対策 |
| 移転 | 保険、契約等により損失発生時に第三者から損失補てんを受ける方法 |
| 保有 | リスク潜在を意識しながら対策を講じず、損失発生時に自己負担する方法 |

出典：中小企業庁（2016）『中小企業白書 2016年版』、227ページ、https://www.chusho.meti.go.jp/pamflet/hakusyo/H28/h28/html/b2_4_1_4.html（2024年6月30日閲覧）をもとに筆者作成。

---

### Memo

#### 企業を取り巻くリスク

下図表は、公益社団法人日本監査役協会が会員企業を対象に行った認識するリスクに対する2023年の調査結果です。さて、皆さんは何を読み取ることができるでしょうか。

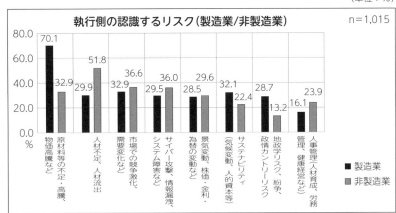

出典：公益社団法人日本監査役協会ケース・スタディ委員会（2023）『多様化するリスクの把握と監査活動への反映及びその開示』（11月30日）、5ページ、https://www.kansa.or.jp/wp-content/uploads/2023/11/el001_20231130-1.pdf（2024年8月13日閲覧）。

# 第 2 章　分析の意義

## ① 企業情報の開示

理解したら
Check!!

- 投資家や債権者等を保護する目的で、企業は経営成績や財政状態、事業内容等といった企業情報の開示を求められている。□

- 企業情報の開示には、法定開示ないし強制開示、自発的開示ないし任意開示、適時開示等がある。□

- 特に、上場企業に対しては、金融商品取引法、会社法、金融商品取引所それぞれの制度に沿って情報の開示が義務づけられている。→第 2 章②参照 □

### ココがポイント POINT

- 法定開示ないし強制開示（mandatory disclosure）とは、企業が法的に義務づけられる情報開示をいい、法令で定められた会計基準に準拠して作成された財務諸表が代表例である。

- 自発的開示ないし任意開示（voluntary disclosure）とは、企業が自主的に行う情報開示をいい、IR活動の一環としてのCSR報告書やサステナビリティ報告書などの公開資料などがある。

- 適時開示（timely disclosure）とは、上場企業が報道機関等あるいは企業が広く、直接タイムリーに重要な会社情報を投資家に伝達することをいい、金融商品取引所が定める規則に従う。

- 企業や経営者が株主や債権者、顧客などのステークホルダーに対して企業の経営状況や活動内容などの情報を広く開示し、説明する義務を、**アカウンタビリティ**という。→Memo参照

企業の情報開示に
求められる要素

透明性
(transparency)

公告性
(publicity)

説明責任
(accountability)

12

## ＜上場企業の開示制度＞

　下図表は、上場企業の開示書類に関する情報を整理したものである。上場企業がアカウンタビリティを果たすうえで開示が求められている書類は、法令や目的、事由、時期によってさまざまである。各種の法制度が上場企業に情報開示を法的に義務づける目的は、投資家や株主、債権者等の保護である。企業が開示する情報を通じて、投資家や株主、債権者等は企業の経営状況を観察し、動向を注視しながら投資判断や意思決定を行う。

| 根拠法令 | 提出書類 | 提出事由 | 提出時期 | 監査/レビュー | 目的 |
|---|---|---|---|---|---|
| 金融商品取引法 | 有価証券報告書<br>内部統制報告書<br>半期報告書※<br>臨時報告書<br><br>有価証券届出書 | 年度決算<br>年度決算<br>半期決算<br>合併、事業譲渡、増資など<br>増資など | 3か月以内<br>3か月以内<br>45日以内<br>適時<br><br>適時 | あり<br>あり<br>あり<br>なし<br><br>なし | 投資判断に資する情報提供 |
| 取引所の規制 | 決算短信<br>四半期決算短信<br>適時開示など所定様式 | 年度決算<br>四半期決算※<br>業績予想の修正など | おおむね45日以内<br>おおむね45日以内<br>適時 | なし<br>なし<br>なし | 適時の情報提供 |
| 会社法 | 事業報告書<br>個別（連結）計算書類<br>附属明細書 | 年度決算<br>年度決算<br>年度決算 | 株主総会開催日の2週間前までに招集通知を送付 | なし<br>あり<br>あり | 株主・債権者への情報提供 |

※金融商品取引法により上場企業に求められていた四半期報告書制度は、2024年4月1日以後に開始する四半期から廃止されている。その代わりとして、半期報告書が義務づけられているが、取引所の四半期決算短信については継続される。
出典：PwCインサイト「11. 企業内容開示」、https://www.pwc.com/jp/ja/knowledge/guide/ipo-guideline/disclosure.html（2024年7月12日閲覧）、岡崎慎吾（2019）「金融商品取引法に基づく企業情報開示とコーポレートガバナンス」『立法と調査』（11月）、No. 417、119-133ページをもとに筆者加筆。

プラスの視点

- 企業の中でも特に、上場企業は証券市場において株式等を発行・流通する資格を証券取引所から与えられ、知名度や社会的信用もある。
- 上場企業に関わる投資家や債権者などの多くの人々や組織に対する影響範囲は大きくなる。企業に関わる人々や組織を、ステークホルダー（利害関係者）という。→第2章③参照

## Memo
### アカウンタビリティの対象範囲

　アカウンタビリティは、会計（accounting）と、責任（responsibility）をあわせた造語です。狭義の意味では投資家や債権者に対する企業の「会計説明責任」を意味します。広義の意味ではステークホルダーや広く社会に対する企業の「説明責任」を意味し、特に最近では環境問題への取組から道義的責任に至るまでに及ぶなど、アカウンタビリティの対象範囲は拡大しています。

# 第2章 分析の意義

## ② 法定開示と関連法令

- 金融商品取引法は、投資家保護の観点から有価証券の発行者等である企業に対して各種の開示書類の提出および開示を義務づけている。このような制度を企業内容等開示（ディスクロージャー）制度とよぶ。
- 会社法ではすべての会社に対して官報、日刊新聞紙または電子公告のいずれかで決算等の情報開示を求めている。これを**法定公告**とよぶ。
- **決算短信**は、金融商品取引所が求める適時開示の代表例である。

### ココが**ポイント** POINT

- 金融商品取引法において企業が開示を義務づけられているのは、有価証券届出書、**有価証券報告書**、半期報告書などがある。→参考：右ページ例１．参照
- 会社法において企業が開示を義務づけられているのは、**決算公告**や株券提出公告などを官報、日刊新聞紙または電子公告のいずれかで掲載する、法令で定められた合併公告や資本金の額の減少公告などを官報に掲載するなどがある。→右ページ例２．参照
- **決算短信**は、金融商品取引所の定める規則に従って、上場企業が報道機関等を通じてあるいは直接に広く、かつ、タイムリーに重要な会社情報を開示するために作成される。→右ページ例３．参照

## ＜情報開示の書類例＞

1. 有価証券報告書
   （金融商品取引法・法定開示）

3. 決算短信（適時開示）

2. 決算公告（会社法・法定開示）
   大会社（公開会社）

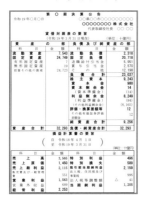

　　　　　　　　大会社以外の会社

出典：宝印刷株式会社「決算開示支援」、https://www.takara-print.co.jp/service/disclosure/report.html、独立行政法人国立印刷局（2022）「会社法法定公告について―公告掲載例―（令和3年度適用版）」、20-21ページ、https://kanpou.npb.go.jp/pdf/s_guide.pdf、財務省関東財務局「企業内容等開示（ディスクロージャー）制度の概要」、https://lfb.mof.go.jp/kantou/disclo/gaiyou.htm、株式会社日本取引所グループ「適時開示制度の概要」、https://www.jpx.co.jp/equities/listing/disclosure/overview/index.html（いずれも2024年7月13日閲覧）、全国官報販売協同組合「掲載文例・原稿ひな形：決算公告」、https://www.gov-book.or.jp/asp/Koukoku/SettGenkouItemList/?op=1（2025年3月7日閲覧）。

## 第 2 章　分析の意義

## ③　企業に関わる人々と目的

理解したら
Check!!

- 企業に関わるさまざまな人々や組織を、ステークホルダー
  （stakeholder）とよぶ。利害関係者ともよばれる。 □
- ステークホルダーは企業の経営状況次第で利を得る、あるい
  は、損を被る立場として企業の外部、内部にそれぞれ存在する。 □
- ステークホルダーが企業の経営状況を分析するのは、それぞれ
  が有する関心や目的に応じた自らの将来の意思決定に役立てる
  ためである。 □

### ココがポイント POINT

- ステークホルダーは、企業の経営活動や関連トピックに対して、常日頃
  から興味・関心を持ち、企業の行動を注視している。以下に、代表的な
  ステークホルダーと企業への関心を整理している。
- 企業外部のステークホルダーの関心：

  投資家（株主含む）　　　　→キャピタルゲイン、配当、株価の動き

  消費者（顧客含む）　　　　→財・サービスに対する満足度、ブランド・
  　　　　　　　　　　　　　　　評判や信頼

  債権者（金融機関含む）　　→融資

  取引先　　　　　　　　　　→受発注、取引、企業イメージ

  政府（行政機関）　　　　　→地域社会、社会的影響、税金
- 企業内部のステークホルダーの関心や関係性：

  経営者　　　　　　　　　　→売上や利益、成長、経営責任

  従業員　　　　　　　　　　→雇用、給与・報酬、評価、働きがい
- 財務諸表は、ステークホルダーの意思決定を支援し、ステークホルダー
  間の利害を調整する。→財務諸表については第 3 章参照

16

<企業のステークホルダー>

## Column
### stakeかsteakか？

　stakeは「杭（くい）」を意味する用語で、株式や利害関係という意味も含まれます。steakは「厚切り肉を焼いた料理」あるいは「比較的厚切りの肉」を意味します。stakeとsteakは同音異義語です。同じ発音【英：steik】で、意味が異なるユニークな例といえるでしょう。

stake

steak

## 第 2 章　分析の意義

### ④ 投資家の立場

- 投資家（investors）とは、株式や債券などの保有で得られる将来の利子や配当の収入を目的に資本や資金を投下する個人や組織、団体等をいう。
- 資金調達目的で金融市場において広く資金提供者を募り、出資の見返りに株式を発行する企業が、株式会社（Co., Ltd.、Limited、Inc. など）である。
- 株式会社に対して資金提供の見返りに株式を取得した投資家を、**株主**とよぶ。

**ココがポイント　POINT**

- 株主（shareholdersまたはstockholders）は、株式を所有する企業の所有者として経営活動を把握し、分析し、また監視を行う。取得した株式の値動きに敏感な立場である。
- 株式会社は、会社法上、毎事業年度の終了後、一定の時期に株主総会を招集しなければならない（会社法第296条第１項）。一般的に、株主総会は事業年度の終了後３か月以内に開催される。
- 株主は株主総会において企業の所有者として株式の所有割合に応じた議決権を行使する権利を有する。
- 株式会社が取引所の審査を経て上場を行うメリットとデメリットを、右ページに整理している。→第１章③関連

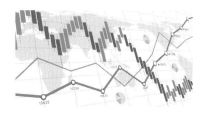

## ＜上場のメリットとデメリット＞

⊕上場のメリット

- 資金調達：国内外の出資者に対して広く資金の提供を呼びかけることで、多額の資金を調達できる。
- 社会的信用：上場企業としての社会的信用や知名度が向上し、取引先や顧客から見てよい評価を得やすくなる。
- 人材確保：上場企業として広く一般に認知され、優秀な人材を確保しやすくなる。

⊖上場のデメリット

- コスト：上場ならびに上場維持には、多額のコストが発生する。
- 株価変動：金融市場を取り巻くさまざまな要因の影響を受けやすい。
- 経営責任：株主への説明責任が増すことにより、経営の自由度が制約されてしまう。

※詳細は、株式会社日本取引所グループ「なるほど！東証経済教室：3-1．上場会社とは①〜上場審査とは〜」、https://www.jpx.co.jp/tse-school/learn/03a.html（2024年8月12日閲覧）参照

---

## Memo

### 上場（リスティング）の動向

　上場会社は、英語で「listing companies」といいます。listing（リスティング）はそもそも一覧表やリストを意味する用語であり、上場企業の株式銘柄が並んでいるイメージです。

　近年、直接上場（ダイレクト・リスティング）とよばれる、上場時に新株を発行（公募）せず既存の株式だけを上場する手法が活用される場合があります。通常の上場で必要とされる新株を引き受ける引受人（金融機関）を必要としないため、上場までの時間やコストが多く発生せずに済むというメリットがあります。一方、新株を発行しないため、資金調達ができない点や、流動性が低下するなどというデメリットもあります。

出典：株式会社日本取引所グループ「リスク情報」、https://www.jpx.co.jp/listing/others/risk-info/01.html（2024年7月10日閲覧）。

## 第 2 章　分析の意義

レッスン1

## ⑤ 消費者の立場

理解したら
Check!!

- 個人消費は企業が担う**財・サービス**※の生産や流通により支えられている。 □

- 生産、流通、消費の一連のつながりを、**経済**とよび、自らの意思にもとづいて経済活動を行う単位が、**経済主体**（economic unit）である。 □

- ３つの経済主体である家計、企業、政府のうち、個人は消費を中心に行う経済主体（家計）として財・サービスの生産を中心に行う経済主体（企業）と関わっている。 □

※財・サービス（goods and services）：人間の欲望を充足させるもの、経済客体。

### ココが**ポイント**
## P O I N T

- お金や財・サービスが次の３つの経済主体間で循環することで結びつき、国民の経済活動が成り立っている。

  家計（household）：生産要素（労働力、資本、土地など）を企業に提供し、その対価として得た賃金や利子・配当などの所得を用いて財・サービスを購入し、消費する。

  企業（business enterprise）：家計から提供を受けた生産要素（労働力、資本、土地）を用いて生産した財・サービスを流通し、利潤を得る。

  政府（government）：家計や企業から税金を徴収し、教育や福祉などの公共サービスの提供や経済活動の調整を行う。

- 日本の国内総生産（GDP）の６割程度を占める個人消費の動向は、景気判断の指標として日本銀行「消費活動指数」や、総務省「家計消費状況調査」等に活用されている。

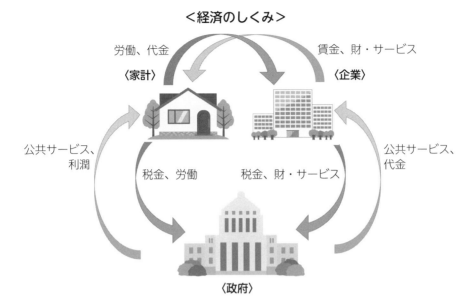

<経済のしくみ>

第2章 分析の意義

---

> **Memo**
>
> ### 財・サービスの定義と区分
>
> 財：食料品、衣料品、家電製品、自動車、設備などの有形物を指す。
> サービス（用役）：教育、交通、飲食、医療などの無形物を指す。
>
>
>
> 出典：総務省統計局（2014）「平成26年全国消費実態調査」用語の解説、収支項目分類表（財・サービス区分の分類内容）、https://www.stat.go.jp/data/zensho/2014/pdf/kouh03.pdf （2024年7月4日閲覧）。なお、2019年に全国消費実態調査の見直しがはかられ、現在「全国家計構造調査」として実施されている。

# レッスン 2

## 情報を入手する

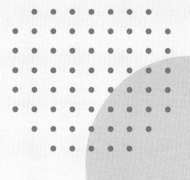

# 第3章　財務情報

## ① 財務諸表とは

理解したら
Check!!

- **財務諸表**（F/S：Financial Statements）は、企業の経営状況を明らかにするために作成される書類の総称をいう。決算書ともよばれる。　□
- 財務諸表は、企業の経営活動を貨幣単位で記録・測定することにより可視化された会計情報（accounting information）で構成される。　□
- 財務諸表は会計基準（accounting standards）に則って作成されなければならない。→会計基準については第21章参照　□

### ココが**ポイント**

- 財務諸表は、投資家の投資意思決定に役立つ企業の情報開示、すなわち**財務報告**（financial reporting）の媒体として重要な役割を果たしている。
- 財務諸表には、主に損益計算書、貸借対照表、キャッシュ・フロー計算書があり、各書類の特徴に応じて企業の経営分析に役立てられる。
- 財務諸表の開示は複数の法令で定められているが、法令の立法趣旨によって財務諸表に含まれる書類内容や呼称が異なる。→第2章①関連

**【株式会社の場合】**

　金融商品取引法（第24条第1項、第193条）では、財務諸表とよばれ、貸借対照表、損益計算書、株主資本等変動計算書、キャッシュ・フロー計算書および附属明細表が含まれる。

　会社法（第435条第2項、第442条第1項、会社計算規則第59条第1項）では、計算書類とよばれ、貸借対照表、損益計算書、株主資本等変動計算書および個別注記表が含まれる（事業報告や附属明細書を含めて計算書類等とよばれる）。

## ＜財務諸表の例＞

### 貸借対照表
X1年3月31日

(単位：百万円)

| 資産の部 | | 負債の部 | |
|---|---|---|---|
| 流動資産 | xxx | 流動負債 | xxx |
| 　現金預金 | xxx | 　支払手形 | xxx |
| 　受取手形 | xxx | 　買掛金 | xxx |
| 　売掛金 | xxx | 　短期借入金 | xxx |
| 　有価証券 | xxx | 　有価証券 | xxx |
| 　商品 | xxx | 固定負債 | xxx |
| 　その他 | xxx | 　長期借入金 | xxx |
| 固定資産 | xxx | 負債合計 | xxx |
| 1. 有形固定資産 | xxx | 純資産の部 | |
| 　建物 | xxx | 株主資本 | xxx |
| 　備品 | xxx | 　資本金 | xxx |
| 2. 無形固定資産 | xxx | 　資本剰余金 | xxx |
| 　商標権 | xxx | 　利益剰余金 | xxx |
| 3. 投資その他の資産 | xxx | 　　その他利益剰余金 | xxx |
| 　投資有価証券 | xxx | 　　繰越利益剰余金 | xxx |
| 繰延資産 | xxx | 　　(内、当期純利益) | |
| 　創立費 | xxx | 純資産合計 | xxx |
| 資産合計 | xxx | 負債・純資産合計 | xxx |

### 損益計算書
X0年4月1日からX1年3月31日

(単位：百万円)

| | |
|---|---|
| 売上高 | xxx |
| 売上原価 | xxx |
| 　売上総利益 | xxx |
| 販売費及び一般管理費 | xxx |
| 　営業利益 | xxx |
| 営業外収益 | xxx |
| 営業外費用 | xxx |
| 　経常利益 | xxx |
| 特別利益 | xxx |
| 特別損失 | xxx |
| 　税引前当期純利益 | xxx |
| 法人税、住民税及び事業税 | xxx |
| 法人税等調整額 | xxx |
| 　当期純利益 | xxx |

### キャッシュ・フロー計算書
X0年4月1日からX1年3月31日

(単位：百万円)

| | |
|---|---|
| Ⅰ　営業活動によるキャッシュ・フロー | xxx |
| Ⅱ　投資活動によるキャッシュ・フロー | xxx |
| Ⅲ　財務活動によるキャッシュ・フロー | xxx |
| 現金及び現金同等物の増減額 | xxx |
| 現金及び現金同等物の期首残高 | xxx |
| 現金及び現金同等物の期末残高 | xxx |

---

**Memo**

### 財務諸表の前提条件（会計公準）

　財務諸表は決算書や決算書類とよばれます。企業は日々の取引を記録・測定し、一定の期間を経て決算日で帳簿を締め切り、集計を行います。これが決算（closing）であり、その集計結果にもとづいて企業は財務諸表を作成し、広く開示します。財務諸表作成にあたっての3つの前提条件を、会計公準とよびます。

　　企業実体の公準　　：財務諸表の対象範囲を、企業と個人で区切るという意味です。
　　継続企業の公準　　：企業は将来にわたって経営を継続することを前提に、人為的に会計期間を区切るという意味です。
　　貨幣的測定の公準　：財務諸表の測定単位は、貨幣を用いるという意味です。

25

## 第 3 章　財務情報

## ② 損益計算書

理解したら
Check!!

- **損益計算書**（P/L：Profit and Loss Statement）は、「一定期間における企業の経営成績を表す書類」をいい、企業が一定期間（通常 1 年間）にどれだけもうけたのかを示す。→第 7 章関連 □

- 損益計算書は、収益（利益を増加させる要因）と費用（利益を減少させる要因）の各要素で構成される。 □

- 利益の算定は、収益から費用を差し引くことで求められる。→下図表参照 □

## ココがポイント
## POINT

- 右図表は、損益計算書を収益と費用の関係で説明している。**当期純利益**（net income）は 1 年間で得た収益から 1 年間で生じた費用を差し引き求める。

損益計算書

| 費用 | 収益 |
|------|------|
| 当期純利益 | |

- **収益**（revenue）は、利益を増加させる要因であり、売上が代表例である。売上は企業が財・サービスを販売することによって顧客から得た代金のことをいう。

　　収益の例：売上、受取利息、受取家賃、受取手数料、受取配当金など

- **費用**（cost）は、利益を減少させる要因であり、売上原価が代表例である。売上原価は、販売した商品の仕入金額（小売業の場合）や販売した製品の製造原価（製造業の場合）など売上獲得に必要な費用である。費用は収益獲得の犠牲と称することができる。

　　費用の例：売上原価、広告宣伝費、給料（支払報酬）、通信費、雑費、支払利息、支払家賃、支払手数料など

## ＜損益計算書の構造＞

損益計算書

売上高

売上原価

① | 売上総利益 | → 売りのもうけ ┐

販売費及び一般管理費

② | 営業利益 | → 本業（ほんぎょう）のもうけ ┤ 通常の経営活動において生じた収益や費用が集計される

営業外収益

営業外費用

③ | 経常利益 | → 常（つね）のもうけ ┘

特別利益

特別損失

④ | 税引前当期純利益 | → 税前のもうけ ┐ 臨時的な経営活動や事象により生じた収益や費用が集計される

法人税、住民税及び事業税

法人税等調整額

⑤ | 当期純利益 | → 今年のもうけ ⟹ 一定期間（通常1年間）で得た利益

出典：齋藤雅子（2011）『ビジネス会計を楽しく学ぶ』、中央経済社、8、13ページをもとに筆者加筆。

---

# Memo

## 利益の算定

①売上総利益は、商品を売ったときに得られるもうけであり、粗利ともよばれる。売上高（財・サービスの販売代金）から売上原価（販売した財・サービスの仕入代金ないし製造原価）を引き求める。

②営業利益は、本来の営業活動、すなわち本業から得られた利益をいう。営業活動に必要な経費や事務費用（販売費及び一般管理費）を売上総利益から差し引いて求める。

③経常利益は、通常の経営活動において生じる財務活動または投資活動による収益（営業外収益）と費用（営業外費用）を営業利益に加減した利益をいう。

④税引前当期純利益は、経常利益から臨時的な経営活動や事象により生じた収益（特別利益）や費用（特別損失）を加減した利益であり、税金を差し引く前の利益をいう。

⑤当期純利益は、企業が1年間の経営活動の結果得られた利益（もうけ）を示し、税引前当期純利益から法人税、住民税及び事業税を差し引き、法人税等調整額を加減して求める。

# 第3章 財務情報

## ③ 貸借対照表

理解したら
Check!!

- 貸借対照表（B/S：Balance Sheet）は、「一定時点における企業の財政状況を表す書類」をいう。ここでいう一定時点とは、企業が帳簿を締め切る日、いわゆる決算日を指す。 □

- 貸借対照表は、資産、負債および純資産の3つの要素で構成される。 □

- 資産合計と、負債・純資産合計が一致する関係を、貸借一致の原則という。 □

### ココがポイント POINT

- 右図表は、貸借対照表を資産、負債、純資産の関係で説明している。貸借対照表は、決算日において企業がどのような資産をいくらで保有しているのか、また資産を取得するのに調達した資金の出所を示す。

貸借対照表

| 資産 | 負債 |
|------|------|
|      | 純資産 |

- **資産**（assets）は、企業が将来の利益獲得を目的に、調達した資金を用いて取得・活用する財産であり、貨幣価値で測定可能なものを意味する。資産は資金の使い道を示すことから、「資金の運用形態」を表している。

  資産の例：現金預金、売掛金、売買目的有価証券、土地、建物、備品、商標権、長期貸付金など

- **負債**（liabilities）は、企業が経営活動において必要な資金のうち、返済義務を有し、将来現金を減少させる財産を指す。現金を減少させるタイミングによって、負債は流動負債と固定負債に区分される。

  負債の例：買掛金、未払金、短期借入金、長期借入金、社債など

- 資産および負債は一定のルールに沿って流動、固定にそれぞれ区分される。区分するルールには、正常営業循環基準と1年基準（ワンイヤー・ルール）がある。→Column参照

- **純資産**（stockholders' equity）は、資産から負債を差し引いた残りであり、企業価値を示す。

　純資産の例：資本金、資本剰余金、利益剰余金、自己株式、当期純利益など

### ＜貸借対照表の構造＞

貸借対照表

| 左側（借方とよぶ） | 右側（貸方とよぶ） |
|---|---|
| 資産 | 負債 |
|  | 純資産 |

左側：資金を何で運用するか
右側：資金をどこから得たか

資産＝負債＋純資産の関係を、貸借一致の原則という

出典：齋藤雅子（2011）『ビジネス会計を楽しく学ぶ』、中央経済社、24、31ページをもとに筆者加筆。

## Column

### 資産と負債を区分する2つのルール
### ～営業循環が経営のカ・ナ・メ～

経営のカ・ナ・メである営業循環がファーストプライオリティです。

　まず、**正常営業循環基準**を適用し、営業活動のサイクル（営業循環、下図表）にある資産を流動資産、流動負債と評価します。

　次に、**1年基準**（ワンイヤー・ルール）を適用し、決算日の翌日から起算して1年以内に換金可能な資産を流動資産、1年以内に支払期限が到来する負債を流動負債と評価します。いずれの基準にも該当しない資産、負債は固定に区分されます。

営業循環の図

## 第 3 章　財務情報

## ④ キャッシュ・フロー計算書

- キャッシュ・フロー計算書（C/F：Cash Flow Statement）は、「一定期間における企業のキャッシュの出入りを示す計算書」をいう。
- キャッシュの出入り・流れをキャッシュ・フロー（Cash Flow）とよび、主に営業活動、投資活動および財務活動の3つの活動ごとに区分・記録される。
- キャッシュ・フロー計算書は、企業の家計簿ともいわれる。

### ココがポイント POINT

- キャッシュ・フロー計算書においては、3つの活動別にキャッシュ・フローを区分する。
- 営業活動（財・サービスを販売するための活動）によるキャッシュ・フローは、企業の事業によって一定期間に入ってきて、また出ていったキャッシュの内訳と金額を表す。営業CFと称する。
- 投資活動（投資をするための活動）によるキャッシュ・フローは、企業がすでに投資した事業や資産の売却などによって得たキャッシュ、将来に備えて事業や設備に投下したキャッシュの内訳と金額を表す。投資CFと称する。
- 財務活動（資金を調達するための活動）によるキャッシュ・フローは、企業が経営活動に向け調達したキャッシュ、返済したキャッシュについての内訳と金額を表す。財務CFと称する。

企業が持続的な経営を目指すには、
キャッシュのスムーズな流れが求められる

## ＜キャッシュ・フロー計算書の構造＞

| キャッシュ・フロー計算書 |
| --- |
| 営業活動によるキャッシュ・フロー |
| 投資活動によるキャッシュ・フロー |
| 財務活動によるキャッシュ・フロー |
| 期中増減額 |
| 現金・現金同等物　期首残高 |
| 現金・現金同等物　期末残高 |

1年間（期中）の経営活動により現金が増加した額もしくは減少した額を示す。
期中増減額がプラスは増加、マイナスは減少を意味する。

## ◯◯プラスの視点

### ＜キャッシュの範囲＞

　キャッシュ・フロー計算書のキャッシュは、現金と現金同等物をあわせたものであり、通貨を含む広い意味を持つ。現金同等物は、見た目には現金といえないが、一定の条件をいずれもみたしたものを現金と同等として見なしたものをいう。

（キャッシュ・フロー計算書の）キャッシュ＝現金＋現金同等物

| 現金とみなすもの | 現金同等物とみなすもの |
| --- | --- |
| ・通貨 | ・定期預金(3か月以内) |
| ・預金(普通、当座) | ・譲渡性預金、コマーシャル・ペーパー |
| ・小切手(他人振出、送金) | 　条件：換金が容易、価値変動のリスク小 |
| ・郵便為替証書 | |
| ・株式配当金領収書 | |
| ・公債、社債の利札(期限到来分) | |

出典：齋藤雅子（2011）『ビジネス会計を楽しく学ぶ』、中央経済社、79ページをもとに筆者加筆。

---

## Memo

### 事業で得たキャッシュを示す営業CFはスペシャル
### ～２種類の表示方法がある～

営業CF、投資CF、財務CFのうち、営業CFのみ表示方法が２つあります。
直接法による場合：主要取引別に収入と支出を算定し、列挙する方法
間接法による場合：税引前当期純利益をベースに必要な項目を加算、減算して表
　　　　　　　　　記する方法→２つの表示方法については第10章②参照

# 第 3 章　財務情報

## ⑤　財務三表

理解したら
Check!!

- 財務三表とは、財務諸表の中でも主要な損益計算書、貸借対照表、キャッシュ・フロー計算書の総称である。□

- 財務三表を構成する各書類は、作成目的や記載内容はそれぞれ異なるものの、書類間でつながりを持っている。□

- 財務三表の各書類の役割や書類間のつながりを把握することによって、企業の経営活動や財務状況を総合的に分析する。□

## ココが**ポイント**
### **POINT**

- 損益計算書は、「一定期間における企業の経営成績を表す書類」であり、収益（利益の原資）と費用（収益獲得に生じる犠牲）の要素で構成される。企業が例えば１年間にいくらもうけたのかを示すことから、企業の成績表ともいわれる。

- 貸借対照表は、「一定時点における企業の財政状況を表す書類」であり、資産（資金の使い道）、負債および純資産（資金の調達源泉）という３つの要素で構成される。一定時点（決算日）に企業がどのような資産をいくらで保有しているのか、また資産を取得するのに調達した資金の出所を示すことから、企業の財産目録ともいわれる。

- キャッシュ・フロー計算書は、「一定期間におけるキャッシュの出入りと増減額を示す書類」であり、キャッシュの出入りを営業活動、投資活動、財務活動という３つの活動別に集計している。企業が一定期間にどうやって現金を増減させたかを示すことから、企業の家計簿ともいわれる。

## ＜財務三表のつながり＞

- 図表※Aの矢印は、損益計算書の最終行である「当期純利益」が、貸借対照表の純資産の算定に含まれていることを示している。→当期純利益、純資産については第3章②③参照
- 図表※Bの矢印は、貸借対照表の流動資産に表示される「現金預金」が、キャッシュ・フロー計算書の「現金・現金同等物期末残高」と一致することを示している。→流動資産、現金同等物については第3章③④参照
- 図表※Cの矢印は、損益計算書で算定された「税引前当期純利益」が、キャッシュ・フロー計算書（間接法にもとづく）の営業活動によるキャッシュ・フローのスタートラインに記述されることを示している。→間接法、営業活動によるキャッシュ・フローについては第3章④、第10章①②参照

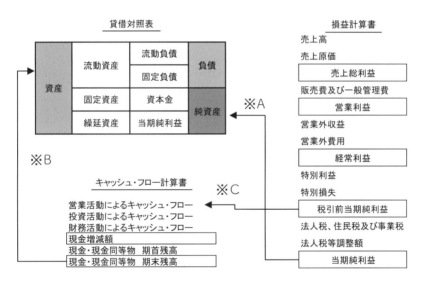

財務情報は分析の重要な根拠を与える

# 第4章　情報の入手方法

## ① 有価証券報告書

理解したら
Check!!

- 企業の財務諸表を含む企業情報が記載される代表的な書類を、**有価証券報告書**(略称：有報)といい、有価証券(株式や社債)の発行者は、金融商品取引法(略称：金商法)にもとづき各事業年度終了後3か月以内に内閣総理大臣へ提出しなければならない。
- 有価証券報告書は、EDINET(金融庁による有価証券報告書等の開示書類に関する電子開示システム)や企業の運営するWebサイトで閲覧できる。→第4章③参照

### ココがポイント POINT

- 有価証券報告書の作成・提出が義務づけられる有価証券の発行者は、原則として次のいずれかの条件に該当する(金商法第24条)。

> 上場会社、店頭登録会社、有価証券届出書提出会社、その他過去5年間において事業年度末日時点の株主数が1,000人以上となったことがある有価証券の発行者

- 有価証券報告書の記載内容については、企業内容等の開示に関する内閣府令(第15条)において規定され、第一部「企業情報」、第二部「提出企業の保証企業等の情報」で構成されるなど提出形式や記載項目が定められている。
- 第一部「企業情報」では、企業の概況、事業の状況、設備の状況、提出会社の状況、経理の状況という項目の順で記載される。経理の状況に含まれる財務諸表には、公認会計士または監査法人による監査報告書が添付される(金商法第193条の2)。→右図表の左側参照
- 有価証券報告書の株主総会前提出が可能となったものの、その導入は一部の企業にとどまっている。

## ＜有価証券報告書の主な記載項目＞

　下図表は、有価証券報告書における開示項目のうち、近年充実がはかられた内容を示している。

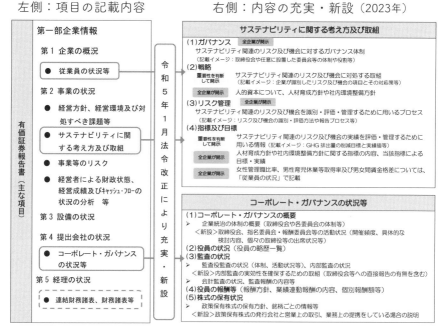

出典：金融庁（2024b）「令和5年度有価証券報告書レビューの審査結果及び審査結果を踏まえた留意すべき事項等」（3月29日）、7ページ、https://www.fsa.go.jp/news/r5/sonota/20240329-9/01.pdf（2024年9月15日閲覧）をもとに筆者加筆。

### 👓プラスの視点

- 財務諸表は、有価証券報告書の第一部「企業情報」のうち「第5経理の状況」に記載される。
- 連結財務諸表は、企業集団を対象範囲として支配会社（親会社）により作成される。
- 財務諸表は、企業単独を対象範囲として作成される。

# 第4章　情報の入手方法

## ② 有報以外の書類

- 金融商品取引法にもとづく企業情報の開示制度において、有価証券（株式や社債）を発行する企業が作成・提出を義務づけられる書類には、有価証券報告書の他にも種類がある。
- 具体的には、有価証券届出書、半期報告書などがあり、提出企業の要件や提出のタイミングなどにちがいがある。→四半期報告書についてはMemo参照

### ココがポイント

- 次の図表は、有価証券報告書（有報）と有価証券届出書のちがいを示している。一定の基準に該当する企業に対して内閣総理大臣への提出が義務づけられている。

| 発行・売出総額 | 発行・売出時 | 発行・売出後（流通） |
|---|---|---|
| 1億円以上 | 有価証券届出書<br>(金商法第4条第1項または第2項) | 有価証券報告書<br>(金商法第24条) |
| 1千万円超〜1億円未満 | 有価証券通知書<br>(金商法第4条第6項) | 不要 |
| 1千万円以下 | 不要 | 不要 |

出典：金融庁総務企画局「社債等を発行する場合の金融商品取引法の開示規制について」、https://www.fsa.go.jp/common/about/pamphlet/kaijikisoku.pdf、財務省四国財務局「企業内容等開示制度の概要（有価証券届出書、有価証券報告書、有価証券通知書）」、https://lfb.mof.go.jp/shikoku/disclosure/institution/summary.html（いずれも2024年9月16日閲覧）。

## ＜発行市場と流通市場＞

　有価証券が取引される証券市場を機能面で分類したのが、有価証券の「発行市場」と「流通市場」である。スマートフォン販売に例えると、発行市場は新品のスマートフォンを購入する市場、流通市場がリユース品を売買する市場をイメージするとわかりやすいでしょう。

出典：株式会社日本取引所グループ「用語集」発行市場、流通市場、https://www.jpx.co.jp/glossary/index.html（2024年9月16日閲覧）をもとに筆者作成。

> **Memo**
>
> ### 四半期報告書制度の見直し
>
> 　四半期は決算日後3か月、半期は決算日後6か月でそれぞれ期間を区切ります。2023年の改正金商法（令和5年法律第79号）により、2024年4月1日以後に開始する四半期から、上場会社の四半期報告書制度が廃止され、その代わりに半期報告書の提出が義務づけられることになりました。これまで四半期決算において複数の書類提出が求められていましたが、企業の決算書作成負担等を考慮し、取引所の四半期決算短信で一本化されます。
>
>
>
> 出典：金融庁ディスクロージャーワーキング・グループ（2022）「金融審議会ディスクロージャーワーキング・グループ報告」（12月27日）、KPMG（2024）「四半期開示の見直しの概要」、https://kpmg.com/jp/ja/home/insights/2024/05/accounting-ppa.html（2024年9月16日閲覧）。

# 第4章 情報の入手方法

## ③ EDINET

理解したら
Check!!

- EDINETとは、「金融商品取引法に基づく有価証券報告書等の開示書類に関する電子開示システム」をいう。 □

- 有価証券報告書、有価証券届出書など企業の開示書類について、提出から公衆閲覧に至るまでの手続きを電子化する目的で設定されたシステムであり、金融庁が運営主体となっている。 □
  →第4章①②関連

- EDINETのURL情報は、https://disclosure2.edinet-fsa.go.jp/WEEK0010.aspxである。 □

### ココがポイント POINT

- EDINETの目的は、次のとおりである。
  ①有価証券の発行者の財務内容、事業内容を正確、公平かつ適時に開示すること。
  ②有価証券を大量に取得・保有する者の状況を正確、公平かつ適時に開示すること。
  ③投資者がその責任において有価証券の価値その他の投資に必要な判断をするための機会を与え、投資者保護をはかること。

- EDINETで閲覧できる書類形式には、HTML、PDF、CSVなどがある。XBRL形式での開示については一部企業が対応している。

出典：金融庁（2022）「EDINETについて」（11月15日更新）、https://www.fsa.go.jp/search/20130917.html（2024年9月11日閲覧）。

### ＜EDINETにおける有報閲覧の流れ＞

　例．ソニーグループ株式会社の有価証券報告書（2023年度版）を閲覧する。
1. EDINETのトップページにて、次の手順①〜③に沿って入力後、「検索」を実行する。

38

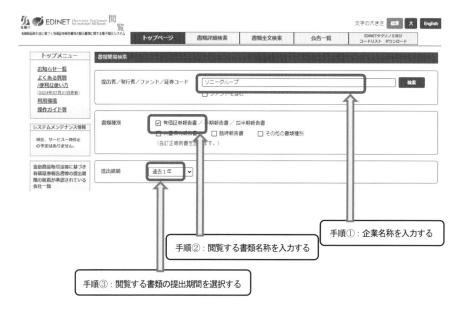

2. 列挙される書類の中から、「有価証券報告書」（2023年度版）を選択し、閲覧する。

　　注：提出者の欄で、類似する企業名に注意し、正式名称（今回は「ソニーグループ株式会社」）になっていることを確認する。

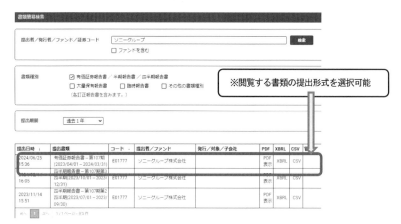

出典：金融庁 EDINET、https://disclosure2.edinet-fsa.go.jp/week0010.aspx（2024年9月12日閲覧）をもとに筆者加筆。

# 第4章　情報の入手方法

## ④　企業の運営するWebサイト（コーポレートサイト）

理解したら
Check!!

- 企業の運営するWebサイト（コーポレートサイト）を活用することによって、財務諸表が記載される有価証券報告書や詳細な企業情報を適切に入手できる。 □

- 一般的には、投資家向けの情報と他の情報は区別して公開されている。 □

- コーポレートサイトの充実をはかり、企業が積極的な情報開示を行う取組には、投資家だけでなく、ステークホルダー全体に企業への理解を得て信頼構築を目指す狙いがある。 □

### ココがポイント
### POINT

- IR（Investor Relations）とは、企業が株主や投資家に対し、財務状況など投資の判断に必要な情報を提供していく活動全般を意味する。

- コーポレートサイトのトップページにおいて、「IR情報」、「投資家の皆さまへ」、「投資家情報」などの名称が付されたバナーにアクセスすると、例えば次のような情報を閲覧できる。→右図表参照

　　財務・業績情報

　　株主総会資料

　　IR資料（決算短信、有価証券報告書、統合報告書など）

　　決算説明会資料（動画や過去データを含む）など

- IR活動を通じて、企業が株主や投資家に加え、顧客や地域社会などステークホルダーに対して、経営方針だけでなく、経営活動の成果や取組内容を積極的に伝えることで、互いの信頼関係を構築し、企業に対する評価を高めることができる。

### ＜コーポレートサイトにおける有報閲覧の流れ＞

例．楽天グループ株式会社の有価証券報告書（2023年度版）を閲覧する。

1. コーポレートサイトのトップページ：

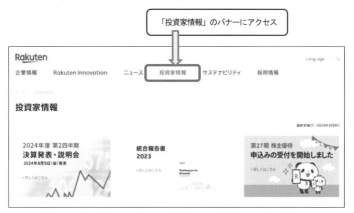

2. 「IR資料・イベント」の「有価証券報告書・半期報告書（四半期報告書）」にアクセスし、有価証券報告書（2023年度版）を閲覧する。

### ○○○プラスの視点

　有価証券報告書を閲覧するタイミングにより、最新年度や書類名が変わるため、注意が必要である（上述のように、半期報告書も有価証券報告書と並列で列挙される場合があります）。

出典：楽天グループ株式会社「投資家情報」、https://corp.rakuten.co.jp/（2024年9月17日閲覧）をもとに筆者加筆。

第 5 章　情報の特性と情報倫理

## ①　情報の特性

理解したら
Check!!

- インターネットを介して入手する情報の特性には、複製性、個別性、恣意性、残存性の４つがある。 □
- 現代では、インターネットの普及と情報技術の進化により、情報利用者は専門家に限らずWeb上にある情報を迅速かつ容易に入手できる。 □
- ビッグデータとよばれる膨大かつ多様なデータが、あらゆる分野で活用される期待が高まっている反面、ビジネス活用における課題も生じている。 □

### ココがポイント
### POINT

- 情報に関する用語を整理すると、以下のとおりである。
「データ」は単なる数値などの集まりを指す。「情報」はデータが何らかの価値や目的等を有したものであり、「知識」はその情報から普遍化された事項である。「知能」はデータから生み出された情報が知識になる過程で得られる経験や知恵と考えるとよい。
- インターネットを介して入手可能な情報の４つの特性については諸説があるが、一例を以下で示している。→髙橋・原田・佐藤・岡部（2020）、33-34ページ参照
複製性：情報は複製可能であり、多くの人々に伝わり、広がる。
個別性：情報は利用者（受信者）の環境によって意味合いが変容する。
恣意性：情報には発信者の意図や意見が含まれる。
残存性：一度発信された情報を完全に消去することはできない。

## ＜ビッグデータの特性（4Vs）＞

　ビッグデータ（Big Data）の定義は総務省（2017）を参考にする。それによると、「デジタル化の更なる進展やネットワークの高度化、また、スマートフォンやセンサー等IoT関連機器の小型化・低コスト化によるIoTの進展により、スマートフォン等を通じた位置情報や行動履歴、インターネットやテレビでの視聴・消費行動等に関する情報、また小型化したセンサー等から得られる膨大なデータ」である。すなわち、インターネットの普及と情報技術の進化によって生み出される膨大かつ多様なデータと解釈するとよい。ここでいう膨大とは、単にデータ量が多いという意味ではない。

出典：総務省（2017）「平成29年版　情報通信白書」、53ページ、https://www.soumu.go.jp/johotsusintokei/whitepaper/ja/h29/pdf/n2100000.pdf、OECD（2013）Exploring Data-Driven Innovation as a New Source of Growth : Mapping the Policy Issues Raised by "Big Data"、*OECD Digital Economy Papers*, No. 222, p.11(2013-06-18)、OECD Publishing, Paris, http://dx.doi.org/10.1787/5k47zw3fcp43-en（いずれも2023年10月24日閲覧）をもとに筆者作成。

> **Memo**　ビッグデータ活用への期待と課題
>
> 　ビッグデータは20世紀以降の経済発展を支えた「石油」が世界に与えたインパクトをはるかに超える可能性を有し、「21世紀の石油」と表現されるほど安価でエネルギー密度の高い資源として、あらゆる分野で活用される可能性に期待が高まる一方、次のような課題が挙げられます。
>
> 　第1に、データの取り扱いが難しいという点です。多岐多様にわたる膨大な量のデータであるため、適切に取り扱い、分析することが重要です。
>
> 　第2に、情報倫理（information ethics）を有するデータの担保という点です。収集データから倫理、モラル、偏見の情報を排除しておく必要があるでしょう。
> →第5章②参照
>
>

# 第 5 章 情報の特性と情報倫理

## ② 情報倫理 (情報モラル)

理解したら
Check!!

- **情報倫理**（information ethics、インフォメーション・エシックス）とは、「情報化社会においてわれわれが社会生活を営む上で、他人の権利との衝突を避けるべく、各個人が最低限守るべきルール」をいう。→公益財団法人私立大学情報教育協会（1995）参照
- **情報モラル**という用語は、情報化社会において適正な活動を行うためのもととなる考え方や態度を育成するという教育上の必要性が認識される中、一般化した和製の造語である。→文部科学省（2009）参照

※本書において情報倫理は情報モラルを含むものとして取り扱う。

### ココが**ポイント**

- 1980年当初、コンピュータの専門家がコンピュータ関連の倫理ないし道徳上の問題を認識し、「コンピュータ・エシックス」（computer ethics）という用語を使い始めた。→Forester & Morrison（1990）参照
- 1990年代初頭には、インターネットの革新的普及によって、コンピュータ専門家に限らず一般の情報利用者が増え、「インフォメーション・エシックス」（information ethics）、いわゆる情報倫理という用語が使われ始めたが、用語の性質上多様な解釈がなされている。→伊藤（2009）参照
- 「情報モラル」という和製の造語は、新学習指導要領の公示により一般化したものである。「情報倫理」をセキュリティ・モラル、すなわち電子ネットワーク上のトラブルを回避し、ネットワークの営みを円滑に行うための安全保障と位置づけている。→越智（2000）参照

### ＜学校教育で求められる情報モラル教育（5つの柱）＞

| 日常モラル<br>心を磨く領域 | 情報社会の倫理　　法の理解と遵守 |
|---|---|
| | 公共的なネットワークの構築 |
| 情報安全教育<br>知恵を磨く領域 | 安全への知恵　　情報セキュリティ |

出典：文部科学省（2009）「『教育の情報化に関する手引』作成検討会（第4回）配付資料『教育の情報化に関する手引』検討案　第5章　情報モラル教育」、https://www.mext.go.jp/b_menu/shingi/chousa/shotou/056/shiryo/attach/1249674.htm（2024年10月12日閲覧）。

## Column　情報倫理（情報モラル）が問われる時代

　倫理は「道徳」や「モラル」の意味があります。わが国では、情報倫理や情報モラルという用語が混在している背景に、倫理とモラルは善悪の判断を伴うものであり、明確な使い分けが難しい用語とされており、基本的に同意語として使われている傾向にあるようです。

　情報化社会の利点は、さまざまな情報が入手できる、国や地域を問わずネットワークを経由して人々がコミュニケーションを行える、自身の意見を広く発信できるといったことが挙げられます。反面、情報化社会の欠点は、ネットワーク上で閲覧・入手した音楽や画像などのデジタル作品がコピーされる、SNSを通じて個人のプライバシーや権利を無視した情報発信をされる、インターネット上でつながる人々とのトラブルや犯罪に巻き込まれるといったことがあります。

　私的、公的いずれの場面においても、情報利用者一人ひとりが正しい判断や意識を備えることで、情報化社会の安心・安全につながっていくのです。

===== 第 5 章　情報の特性と情報倫理 =====

### ③ ファクトチェック

理解したら
Check!!

- インターネットで入手できる情報の出所や真偽を確認すること
  を、ファクトチェック（fact check）とよぶ。普段から情報の
  ファクトチェックを行い、フェイク情報に惑わされない所作が
  求められる。□

- ソーシャルネットワーキングサービス（SNS：Social Network-
  ing Service）等では利用者による情報発信が容易に可能である。□

- 反面、SNSでは情報が拡散されやすく、伝わる過程でその情
  報が意図的に操作され、変容する特性がある。□

## ココがポイント
# POINT

- インターネットの情報利用者にとって注意すべき情報がフェイク情報で
  あり、誤情報、偽情報、デマ情報がある。以下で各用語の整理をしてい
  る。→齋藤（2024）、69ページ参照

  誤情報：単にミスや記述の誤りがある情報。

  偽情報：利益目的や情報利用者を意図的に騙す目的で発信された悪意の
  　　　　ある情報。

  デマ情報：情報発信者の意図や主観、偏見によって故意に事実が捻じ曲
  　　　　　げられた情報。

- 現在、ディープフェイクとよばれる高度な画像合成技術を用いた画像や
  動画が出回るなど、情報利用者が適切な判断を行うことが困難な事例が
  国内外で生じている。

- インターネット上で膨大な情報がやりとりされるほど、一般の情報利用
  者が情報を取り扱う時間が制約されるため、情報発信者は情報利用者の
  関心やアテンションを集める意図で過激なタイトルや内容、事実確認が
  不十分な情報を発信する傾向にある。これが、誤情報や偽情報の拡散を
  助長する一因となっている。

46

## ＜インターネット上の情報拡散に対する世界の取組＞

| 日本 | 2022年10月　特定電気通信役務提供者の損害賠償責任の制限及び発信者情報の開示に関する法律（平成13年法律第137号）が施行され、インターネット上の情報の流通によって権利の侵害があった場合について、プロバイダなどの損害賠償責任が制限される要件を明確化するとともにプロバイダに対する発信者情報の開示を請求する権利を定めている。 |
|---|---|
| イギリス | 2022年12月　オンライン安全法案が公表され、オンラインプラットフォーマーに対し、違法コンテンツの削除、児童に有害、年齢的に不適切なコンテンツへのアクセス制限措置を義務づけている。 |
| アメリカ | 1996年　通信品位法第230条が成立しているが、プロバイダは①第三者が発信する情報について原則として責任を負わず、②有害なコンテンツに対する削除等の対応（アクセスを制限するため誠実かつ任意にとった措置）に関し、責任を問われないといった免責規定の改正が検討されている。 |
| EU | デジタルサービス法（DSA：Digital Services Act）は、オンラインプラットフォーム等の仲介サービス提供者に対して、事業者の規模に応じて、利用者保護、利用規約要件、違法コンテンツや利用規約に反するコンテンツ等への対応、政治広告を含めたオンライン広告に対する義務等を規定している。 |

出典：総務省（2023）『令和5年版　情報通信白書』、41-43ページをもとに筆者作成。

### Memo
#### 情報利用者から情報発信者へ（匿名性の恐ろしさ）

　ある調査によれば、世界的に、SNSを普段から利用する人々が年々急増しています。世界中から集まった利用者は誰でも匿名で投稿できるという安心感もあり、フォロワーとしてコメントを投稿する、「いいね」とリツイートするといった所作をいとも簡単に行うことができます。それゆえ、フェイク情報が潜んでいる危険性があります。

　しかし、匿名であっても、場合によっては手続きを踏むことで、書き込んだ個人を明らかにすることができ、また投稿内容等から個人を特定することが意外と簡単にできてしまいます。個人の特定によって、逆に犯罪に巻き込まれる、あるいは、個人情報が流布されてしまうといったリスクは情報発信をすればするほど増します。よって、「悪意」のある情報に惑わされず、信頼度の高い情報の利用を心がけるとともに、情報発信（投稿）への慎重さが求められます。

匿名イコール安心ではない

# 第 5 章　情報の特性と情報倫理

## ④　情報の信頼性

理解したら
Check!!

- 膨大な量の情報から必要なものを収集・理解し、分析・活用するための能力を、**情報リテラシー**（information literacy）といい、ファクトチェックは情報リテラシーの基礎を形成する。 □

- インターネットで入手した情報の信頼性（credibility）は、情報源の信憑性に依拠している。情報源の背景等を理解するだけでなく、情報発信者が意図した情報の偏りやその情報が及ぼす影響について考慮する必要がある。 □

### ココが**ポイント**
## POINT

- Hovland, Janis & Kelley（1953）は、情報源の信憑性について、専門性と信頼性の2つの側面で定義している。専門性（expertise）は、情報が事実にもとづくか、正しいかを理解・判断するための情報源の能力であり、信頼性（trustworthiness）は、事実や真実を発信するときの情報源の正直さを示し、最も信頼できる情報源は専門性と信頼性を兼ね備えた情報源であるとされる。 →Hovland, Janis, & Kelley（1953）参照

- 情報の信頼性を判断する際のポイントとしては、主に次の2点をおさえておく必要がある。

（1）情報源の信憑性を確認する。

（2）情報の偏りや影響を理解する。

（1）は、1つの情報源から得た情報を鵜呑みにせず、複数の情報源を参考にする、情報発信元が誰で、いつ、何を発信したのか、事実かどうかの確認を行う。

（2）は、情報源の意見や主張により情報に偏りがないか、公平性や正確性に欠いていないかを確認する。

## <情報の信頼性を確認するには(インターネットの場合)>

### 👓プラスの視点

- サイトを作成しているのは誰か?(URLのドメイン名が参考になる)
- 最終更新日はいつか?
- サイト内のデータには作成元が示されているか? など

URLのドメイン名で発信者の確認を行う

| ・情報の信頼性が比較的高いといわれる。<br>　go.jp:政府・省庁<br>　co.jp:企業等<br>　ac.jp:教育機関 | ・情報の信頼性が高いとはいえない。<br>　.com:商業組織<br>　.org:非営利組織 |
|---|---|

## Column
### 信頼の方程式(Charles H Green's Trust Equation)

　信頼の方程式とは、信頼の大きさを4つの変数で構成する式をいいます。正しい知識にもとづき正しい発言をするという信頼を表すC(Credibility)、行動が伴っている信頼を表すR(Reliability)、関係の親密さの信頼を表すI(Intimacy)を足したものが信頼を表すT(Trustworthiness)を大きくし、自己中心的で自分本位さを表すS(Self-Orientation)を小さくすれば、信頼T(Trustworthiness)が大きくなるという考え方です。

出典:Green, C. H., & Howe, A. P. (2011) *The Trusted Advisor Fieldbook : A Comprehensive Toolkit for Leading with Trust*, Wiley, Green, C. H. (2005) *Trust-Based Selling*, McGraw-Hill, and Maister, D. H., Green, C. H., & Galford, R. M. (2012) *The Trusted Advisor : 20th Anniversary Edition*, Free Press.

# レッスン3

# 分析を行う

## 第6章 分析の視点と手法

### ① 企業特性と財務指標

理解したら
Check!!

- 企業の経営分析において、企業特性はどのような点に着目するのかのきっかけ、すなわち、分析の視点となる。
- 企業特性を1つの視点ではなく、収益性、成長性、安全性、効率性といった複数の視点で多面的に分析・評価することが求められる。
- 財務諸表を用いた分析において尺度や評価軸となるのが、**財務指標**（financial ratio）であり、企業特性に応じて活用される。

**ココがポイント POINT**

- 多面的な分析の視点を切り口に、各事業年度で算定された財務指標を用いて年度比較、他社との比較、業界平均を用いた比較を行う。→各指標の業界平均については株式会社日本政策投資銀行設備投資研究所編集（2025）『2024年版 産業別財務データハンドブック』株式会社日本経済研究所発行参照

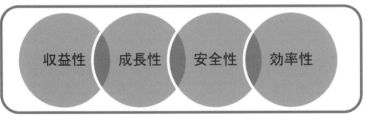

＜企業特性の分析の視点＞

収益性(profitability)：企業の利益獲得が達成されているかどうか
成長性(growth)　　　：企業の事業や業績が成長しているかどうか
安全性(solvency)　　：企業の資金繰りや支払能力が安定しているかどうか
効率性(efficiency)　：企業の調達した資金が有効に活用されているかどうか

## <企業特性別の財務指標>

| 分析の視点 | 代表的な財務指標 | 財務諸表 ||||
|---|---|---|---|---|---|
| | | P/L | B/S | C/F | 他 |
| 収益性分析 | 売上高総利益率、売上高営業利益率、売上高経常利益率、売上高当期純利益率 | ○ | | | |
| | 自己資本利益率(ROE)、総資産利益率(ROA)、総資本利益率(ROI)、売上高営業CF比率 | ○ | ○ | ○ | |
| 成長性分析 | 売上高成長率、営業利益成長率、総資産成長率 | ○ | ○ | | |
| | 1株当たり利益(EPS)、株価収益率(PER)、サステナブル成長率 | ○ | | | ○ |
| 安全性分析 | 流動比率、当座比率、手元流動性、固定比率、固定長期適合率、負債比率、自己資本比率 | | ○ | | |
| | 手元流動性比率、インタレスト・カバレッジ・レシオ、CF有利子負債倍率 | ○ | ○ | ○ | |
| 効率性分析 | 総資産回転率、売上債権回転率、売上債権回転期間、棚卸資産回転率、棚卸資産回転期間、仕入債務回転率、仕入債務回転期間 | ○ | ○ | | |
| その他(生産性分析含む) | 1人当たり売上高、付加価値、労働生産性、フリー・キャッシュ・フロー | ○ | | ○ | ○ |

第6章 分析の視点と手法

財務諸表から何が読み取れるか

# 第6章 分析の視点と手法

## ② 時系列分析とクロスセクション分析

- 時系列分析は「分析対象となる企業の財務諸表上の数値について異なる年度を比較する方法」をいい、投資家が株式売買のタイミングを判断する際、有効な分析手法と位置づけられる。
- 時系列分析において注意すべき点は、企業業績の変化が企業外部の要因による可能性や会計処理方法の変更を考慮することが必要である。
- クロスセクション分析は「企業と競合他社企業とを比較する方法」をいう。

### ココが**ポイント** POINT

- 財務諸表を用いた分析において基礎となる考え方は「比較」であり、比較の対象として、年度や他社の数値や指標が活用される。1つの企業を年度の比較で見る手法を、**時系列分析**（time series analysis）とよぶ。一方、企業と競合他社を同時点の比較で見る手法を、**クロスセクション分析**（cross section analysis）という。

### ＜時系列分析＞

A社のX1年度の財務諸表で示される数値（財務数値）や算定された財務指標と、X5年度の財務数値や財務指標との比較によりその大小や要因を分析する（図表A）。

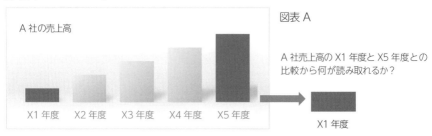

図表A

A社売上高のX1年度とX5年度との比較から何が読み取れるか？

## ＜クロスセクション分析＞

A社と同業他社のX5年度におけるB社、C社の財務数値や財務指標とを比較することで、同一業種・業界における企業の優位性や位置づけを見出すことができる（図表B）。

図表B

| X5年度 | A社 | B社 | C社 |
|---|---|---|---|
| 売上高 | | | |
| 売上総利益 | | | |
| 営業利益 | | | |

X5年度売上高について
A社と同業他社との比較
から何が読み取れるか？

## ＜時系列分析／クロスセクション分析の注意点＞

**時系列分析**：過年度との比較において、年度によっては企業の外部要因による影響を受けた異常値が存在する可能性がある。またある年度から傾向に変化が生じる可能性がある。いずれの場合も、財務数値や財務指標の比較においては、何が読み取れるのかを注意深く分析する必要がある。

**クロスセクション分析**：企業間で採用される会計処理方法が必ずしも同じであるとは限らない点に留意する必要がある。会計処理方法には複数の中から企業が選択できるものがある。企業がいずれの会計処理方法を選択するかによって、算定される財務諸表の数値にちがいが生じてくる。

第6章　分析の視点と手法

---

### Column
### クロスセクションは不動産用語？

クロスセクション（cross section）は、不動産用語でもあるのを知っていますか。設計する建物を垂直に切ったときの断面図をクロスセクションといい、外部から見ることができない屋根から基礎までの構造や寸法が記され、建物の内部構造を示すうえで重要な役割を果たしています。

外部から見えづらいものを可視化する
断面図（クロスセクション）は、
経営分析において重要！

# 第 7 章　損益計算書を用いた分析

## ① 収益性の分析指標

- 損益計算書は、企業が一定期間に獲得した利益や利益計算のプロセスを示し、「企業の収益力」を評価するため、一定の指標を分析に用いる。
- 損益計算書において売上高を100%としたときの各構成要素の割合を算定する。※企業によっては、売上高を、売上収益や営業収益という語句で示す。
- 金額で示される損益計算書を、売上高に占める各構成要素の割合として比率にしたものを、**百分比損益計算書**とよぶ。

### ココが**ポイント**

- 損益計算書の構造で示されているように、売上高は利益の種であり、利益を得るためには売上高をまず獲得しなければならない。
- 収益性分析は、経営の現状を把握し、収益性を改善・向上するための突破口を見出すのに用いる。ここでいう収益性とは、企業が利益を生み出す力の大小や有無を指す。
- 損益計算書を用いた収益性分析で用いる指標の4つを右ページ図表に挙げている。
- 売上高営業利益率（右図表で囲んだ部分）の要因分析においては、売上高（収益）の増減とあわせて売上原価（費用）や販売費及び一般管理費（費用）の変動を考察する。

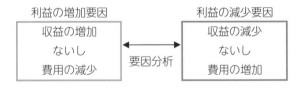

＜百分比損益計算書と収益性の指標＞

| 損益計算書<br>X1年4月1日からX2年3月31日<br>（単位：百万円） | | 百分比損益計算書<br>X1年4月1日からX2年3月31日<br>（単位：%） | | ＜収益性の指標例＞ |
|---|---|---|---|---|
| 売上高 | 2,000 | 売上高 | 100 | |
| 売上原価 | 1,200 | 売上原価 | 60 | |
| 　売上総利益 | 800 | 　売上総利益 | 40 | →売上総利益率 |
| 販売費及び一般管理費 | 240 | 販売費及び一般管理費 | 12 | |
| 　営業利益 | 560 | 　営業利益 | 28 | →売上高営業利益率 |
| 営業外収益 | 100 | 営業外収益 | 5 | |
| 営業外費用 | 300 | 営業外費用 | 15 | |
| 　経常利益 | 360 | 　経常利益 | 18 | →売上高経常利益率 |
| 特別利益 | 1,000 | 特別利益 | 50 | |
| 特別損失 | 800 | 特別損失 | 40 | |
| 　税引前当期純利益 | 560 | 　税引前当期純利益 | 28 | |
| 法人税、住民税及び事業税 | 150 | 法人税、住民税及び事業税 | 8 | |
| 法人税等調整額 | △ 10 | 法人税等調整額 | △ 1 | |
| 　当期純利益 | 420 | 　当期純利益 | 21 | →売上高当期純利益率 |

**売上総利益率**：売上高に占める売上総利益の割合であり、財・サービスでもうける力を示す。売上高総利益率、粗利率、マージン率などとよばれる。売上総利益率の大きさは、財・サービスの売価が比較的高く設定できていること、商品の仕入価格を低く設定できていることを表す。

**売上高営業利益率**：売上高に占める営業利益の割合であり、本業でもうける力を示す。営業活動によって得られた利益の割合であり、営業利益率の推移や増減は、国内外を問わず重視される。

**売上高経常利益率**：売上高に占める経常利益の割合であり、事業以外でもうける力を示す。経常利益の算定には、投資活動や財務活動による収益（営業外収益）、費用（営業外費用）が加減されているので、日本では金利の負担を加味した収益性を分析するうえで重視されている。この考え方は経営資金の多くを金融機関からの借入でまかなってきた日本企業の伝統的な経営スタイルによるものであり、経常利益という語句自体、日本特有である。

**売上高当期純利益率**：売上高に占める当期純利益の割合であり、一定期間において最終的にどれだけもうけたのかを示す。当期純利益は、純資産の増加や株主への配当原資となり、また臨時的な事象（特別利益や特別損失）により増減するため、当期純利益率の大小だけを述べるのではなく、その原因を探る必要がある。

# 第7章 損益計算書を用いた分析

## ② 成長性の分析指標

- 成長性分析では、ある年度を基準年度とし、その基準年度の金額や比率と、分析対象とする年度（対象年度）の金額や比率を比較する。
- 損益計算書（P/L）を用いた成長性の分析指標には、**売上高成長率**や**営業利益成長率**がある。
- 投資家が将来にわたり持続的成長を実現できる企業であるかの判断や、経営者が成長を目指すため実行する戦略の立案に成長性は考慮される。

### ココがポイント

- 企業の成長性は、売上高や利益の金額や比率などの伸びで測定する。ある時点から項目ごとに趨勢（時の流れ、時系列）で、伸びの増減を観察する。伸びの測定には、成長を規模で見る、成長を実質で見る考え方がある。下図表のX1年度を基準年度とすると、その各P/L項目は100％として、X2年度の各P/L項目の伸びを測定する。

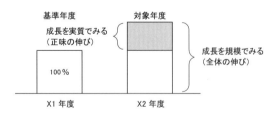

- 売上高成長率、営業利益成長率は次のとおり算定する。これらは成長を実質で見る考え方（正味の伸び）に依拠している。

| | |
|---|---|
| 売上高成長率(％) ＝ | （対象年度の売上高 － 基準年度の売上高）÷ 基準年度の売上高 ×100 |
| 営業利益成長率(％) ＝ | （対象年度の営業利益 － 基準年度の営業利益）÷ 基準年度の売上高 ×100 |

# ＜売上高と売上高成長率で見る成長性＞

a. 売上高の趨勢と伸び

| B社 | X1 年度 | X2 年度 | X3 年度 | X4 年度 | X5 年度 | |
|---|---|---|---|---|---|---|
| 売上高 | 5,000 | 6,000 | 3,000 | 7,000 | 8,000 | （単位：万円） |
| 全体の伸び | 100 | 120 | 60 | 140 | 160 | （単位：%） |
| 正味の伸び | 0 | 20 | △ 40 | 40 | 60 | （単位：%） |

基準年度を 100％としたとき、売上高の伸びにはどのような変動が見られるか？

b. 全体の伸び（単位：%）

基準年度
100％超え
→→プラス成長

基準年度
100％未満
→→マイナス成長

　上図表a. b. の2点は、X1年度を基準年度と設定したときの、B社の売上高の伸びを趨勢で表している。伸びの算定において単位（万円）を省略する。

　基準年度X1年度の売上高について全体の伸びは100％（＝5,000/5,000×100）、正味の伸びは0％（＝(5,000-5,000)/5,000×100）である。ここでいう売上高の正味の伸びが、**売上高成長率**である。

プラス成長のケース（X5年度）：X5年度の成長性を見る場合、全体の伸びは基準年度100％より上回る160％（＝8,000/5,000×100）であり、正味の伸びは60％（＝(8,000-5,000)/5,000×100）である。このように、正味の伸びがプラスの値の場合、プラス成長といえる。

マイナス成長のケース（X3年度）：X3年度の成長性を見る場合、全体の伸びは基準年度100％より下回る60％（＝3,000/5,000×100）であり、正味の伸びはマイナス40％（＝(3,000-5,000)/5,000×100）である。このように、正味の伸びがマイナスの値の場合、マイナス成長といえる。

# 第8章 貸借対照表を用いた分析

## ① 安全性の分析指標 (短期)

理解したら
Check!!

- 企業の安全性とは、企業が倒産しない可能性や投資資金が回収不能となる可能性を指す。いわゆる**倒産リスク**（bankruptcy risk）や**デフォルト・リスク**（default risk）について、貸借対照表をもとに算定された指標を用いて、短期、長期の視点で分析・評価する。→貸借対照表については第3章③参照 □

- 貸借対照表を用いた短期の安全性の分析指標には、流動比率、当座比率、手元流動性などがある。 □

### ココがポイント POINT

- 企業は経営上必要な資金を必要なタイミングで調達し、その資金を財産取得に活用する。安全性分析では、短期と長期の安全性に分けて観察し、背後に潜む要因を探る。短期の安全性の分析指標と算定式を以下に示している。

| | | |
|---|---|---|
| 流動比率(%) | = | 流動資産 ※1 ÷ 流動負債 ※2 |
| 当座比率(%) | = | 当座資産 ※3 ÷ 流動負債 |

※1 流動資産は、営業循環で生じた資産または1年以内に現金化可能な資産をいう。
※2 流動負債は、営業循環で生じた負債または1年以内に返済期限が到来する負債をいう。
※3 当座資産は、流動資産の中でも特に流動性の高い流動資産をいい、次のとおり求める。
現金預金、受取手形、売掛金、売買目的有価証券、短期貸付金を合計したものから、貸倒引当金を差し引く。

- **流動比率**（current ratio）は、短期的な債務返済能力を示し、短期の支払能力があり、取引を安全に行えるかどうかを示す。**当座比率**は、棚卸資産を除く流動資産を用いた短期の債務返済能力を示す。流動比率、当座比率のいずれも高いほどのぞましいが、特に100%超であることが一定の目安となる。なぜなら、流動資産あるいは当座資産の現金化によって、流動負債の返済をまかなえる状況を意味するからである。

## ＜流動比率と自己資本比率で見る安全性＞

貸借対照表
X2年3月31日

（単位：万円）

| 資産の部 | | 負債の部 | |
|---|---|---|---|
| 流動資産 | 9,500 | 流動負債 | 5,000 |
| 　現金預金 | 5,000 | 　支払手形 | 1,500 |
| 　受取手形 | 2,000 | 　買掛金 | 1,000 |
| 　売掛金 | 1,000 | 　短期借入金 | 1,500 |
| 　売買目的有価証券 | 500 | 　未払金 | 1,000 |
| 　商品 | 750 | 固定負債 | 2,000 |
| 　その他 | 250 | 　長期借入金 | 2,000 |
| 固定資産 | 3,450 | 負債合計 | 7,000 |
| 　1．有形固定資産 | 3,000 | 純資産の部 | |
| 　　建物 | 2,500 | 株主資本 | 6,000 |
| 　　備品 | 500 | 　資本金 | 3,000 |
| 　2．無形固定資産 | 50 | 　資本剰余金 | 1,500 |
| 　　商標権 | 50 | 　利益剰余金 | 1,500 |
| 　3．投資その他の資産 | 400 | 　　その他利益剰余金 | 500 |
| 　　投資有価証券 | 400 | 　　繰越利益剰余金 | 1,000 |
| 繰延資産 | 50 | 　　（内、当期純利益） | 150 |
| 　創立費 | 50 | 純資産合計 | 6,000 |
| 資産合計 | 13,000 | 負債・純資産合計 | 13,000 |

（左側）企業が保有する財産　（右側）企業が調達した資金の出所／他人資本・自己資本

　上図表は、C社の貸借対照表（X2年3月期決算、個別）を勘定式で示している。以下では、短期の安全性の指標である流動比率、当座比率をそれぞれ算定し、分析を行う。算定において単位（万円）を省略する。

## ＜短期の安全性分析＞

流動比率（％）：流動資産9,500÷流動負債5,000×100＝190％

当座比率（％）：当座資産（現金預金5,000＋受取手形2,000＋売掛金1,000＋売買
　　　　　　　　目的有価証券500）÷流動負債5,000×100＝170％

> 流動比率、当座比率 ＞ 100％

　よって、流動資産、当座資産いずれを現金化した場合においても、流動負債の返済に充当できることから、C社（X2年3月期決算、個別）について短期の安全性が担保されているといえる。

### ◯◯◯プラスの視点

　流動比率、当座比率が100％を超えることがのぞましい。

## 第8章　貸借対照表を用いた分析

## ② 安全性の分析指標（長期）

理解したら
Check!!

- 貸借対照表を用いた長期の安全性の分析指標には、**固定比率**、固定長期適合率、**負債比率**、**自己資本比率**などがある。　☐

- 固定資産と長期資金の関係を見る固定比率は、保有する固定資産が返済を要しない純資産でどれだけまかなえているかの割合を示す。　☐

- 長期の安全性を見る際、企業が外部から調達したすべての資金のうち、返済を要しない自己資本の割合を示す自己資本比率を用いる。　☐

### ココが**ポイント** POINT ⬇

- 長期の安全性の分析指標は、次のとおり算定される。

| | | |
|---|---|---|
| 固定比率(%) | = | 固定資産 ÷ 自己資本 [1] |
| 固定長期適合率 (%) | = | 固定資産 ÷ (固定負債 + 自己資本) |
| 負債比率(%) | = | 他人資本 [2] ÷ 自己資本 |
| 自己資本比率 (%) | = | 自己資本 ÷ 総資本 [3] |

[1] 自己資本は、個別決算においてはほぼ純資産と同じと考えてよいが、連結決算においては、純資産から非支配株主持分と新株予約権を差し引いて求める。

[2] 他人資本は、個別決算においてはほぼ負債と同じと考えてよいが、連結決算においては、負債合計に非支配株主持分と新株予約権を足して求める。

[3] 総資本は、負債と純資産の和（他人資本と自己資本の和）である。

- **固定比率**は、固定資産を取得する際の資金を返済が生じない純資産でまかなえている割合であり、固定長期適合率は、純資産と固定負債の和で固定資産の取得資金をまかなえている割合として固定比率を補完する。いずれの比率も低い方がのぞましい。

- **負債比率**（debt ratio）は、長期資金のうち他人資本の安全性を評価するための指標で、低いほどのぞましい。**自己資本比率**は、自己資本の総資本に占める割合を示し、高いほどのぞましい。

## ＜固定比率と自己資本比率で見る安全性＞

貸借対照表
X2年3月31日

(単位：万円)

| 資産の部 | | 負債の部 | |
|---|---|---|---|
| 流動資産 | 9,500 | 流動負債 | 5,000 |
| 　現金預金 | 5,000 | 　支払手形 | 1,500 |
| 　受取手形 | 2,000 | 　買掛金 | 1,000 |
| 　売掛金 | 1,000 | 　短期借入金 | 1,500 |
| 　有価証券 | 500 | 　未払金 | 1,000 |
| 　商品 | 750 | 固定負債 | 2,000 |
| 　その他 | 250 | 　長期借入金 | 2,000 |
| 固定資産 | 3,450 | 負債合計 | 7,000 |
| 　1. 有形固定資産 | 3,000 | 純資産の部 | |
| 　　建物 | 2,500 | 株主資本 | 6,000 |
| 　　備品 | 500 | 　資本金 | 3,000 |
| 　2. 無形固定資産 | 50 | 　資本剰余金 | 1,500 |
| 　　商標権 | 50 | 　利益剰余金 | 1,500 |
| 　3. 投資その他の資産 | 400 | 　　その他利益剰余金 | 500 |
| 　　投資有価証券 | 400 | 　　繰越利益剰余金 | 1,000 |
| 繰延資産 | 50 | 　　（内、当期純利益） | 150 |
| 　創立費 | 50 | 純資産合計 | 6,000 |
| 資産合計 | 13,000 | 負債・純資産合計 | 13,000 |

左側：企業が保有する財産　　右側：企業が調達した資金の出所
他人資本／自己資本

　上図表（第8章①右ページと同一）は、C社の貸借対照表（X2年3月期決算、個別）を勘定式で示している。長期の安全性の指標である固定比率、固定長期適合率、負債比率、自己資本比率をそれぞれ算定し、分析を行う。算定において単位（万円）を省略する。なお、個別決算を想定しているため、自己資本を純資産としている。

固定比率（％）＝固定資産3,450÷純資産6,000×100＝57.5％

固定長期適合率（％）＝固定資産3,450÷（固定負債2,000＋純資産6,000）×100＝43.125％

負債比率（％）＝負債7,000÷純資産6,000×100＝116.66…％

自己資本比率（％）＝純資産6,000÷負債・純資産合計13,000×100＝46.15…％

固定比率、固定長期適合率 ＜ 100％

負債比率 ＜ 100～150％　　　　自己資本比率 ＞ 日本企業の平均40％

固定資産と長期資金の関係および調達資金のバランスにおいて、長期の安全性が担保されているといえる。

### ○○○プラスの視点

　負債比率は低いほどのぞましく、自己資本比率は高いほどのぞましい。

# 第 8 章　貸借対照表を用いた分析

## ③ 成長性の分析指標

- 成長性分析では、ある年度を基準年度とし、その基準年度の金額や比率と、分析対象とする年度（対象年度）の金額や比率を比較する。
- 貸借対照表（B/S）を用いた成長性の分析指標には、**総資産成長率**、**純資産成長率**がある。
- 企業が保有する資産は、売上や利益を獲得するために取得し、活用される財産であり、資産の増加は資産規模の成長性を示す。

### ココがポイント

- 企業の成長性において、売上や利益とあわせて注目したいのは資産の成長である。B/SにおいてX1年度を基準年度とすると、X1年度の各資産項目が100％として、X2年度の各資産項目の伸びを測定する。また、すべての資産合計を表す総資産の伸びを測定し、企業全体の成長性を評価する。

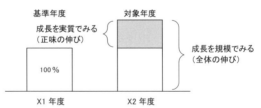

- 総資産成長率、純資産成長率は、次のとおり算定される。

| 総資産成長率（％） | ＝（対象年度の総資産 － 基準年度の総資産[※1]）÷ 基準年度の総資産 |
| 純資産成長率（％） | ＝（対象年度の純資産 － 基準年度の純資産）÷ 基準年度の純資産 |

※1 総資産は、資産合計を示す。また、貸借一致の原則から、総資産 ＝ 総資本 である。

### 👓プラスの視点

基準年度を100％としたとき、総資産の伸びにはどのような変動が見られるかを観察する。

## ＜総資産と総資産成長率で見る成長性＞

D社の貸借対照表より一部抜粋

a. 総資産の趨勢と伸び

|  | X1年度 | X2年度 | X3年度 | X4年度 | X5年度 |  |
|---|---|---|---|---|---|---|
| 総資産（資産合計） | 13,000 | 13,520 | 14,300 | 11,700 | 15,600 | （単位：万円） |
| 全体の伸び | 100 | 104 | 110 | 90 | 120 | （単位：％） |
| 正味の伸び | 0 | 4 | 10 | △10 | 20 | （単位：％） |

b. 正味の伸び（単位：％）

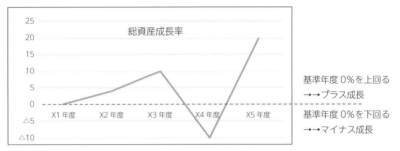

　上図表a.b.の2点はD社のX1年度を基準年度と設定したときの総資産の伸び（成長率）を趨勢で表す。基準年度X1年度の総資産について全体の伸びは100％（＝13,000/13,000×100）、正味の伸びは0％（＝(13,000-13,000)/13,000×100）である。ここでいう総資産の<u>正味の伸びが**総資産成長率**</u>である。伸びの算定において単位（万円）を省略する。

プラス成長のケース（X4年度）：X3年度の成長性を見る場合、全体の伸びは基準年度100％より上回る110％（＝14,300/13,000×100）であり、正味の伸びは10％（＝(14,300-13,000)/13,000×100）である。このように、正味の伸びがプラスの値の場合、プラス成長といえる。

マイナス成長のケース（X3年度）：X4年度の総資産の成長性を見る場合、全体の伸びは基準年度100％より下回る90％（＝11,700/13,000×100）であり、正味の伸びはマイナス10％（＝(11,700-13,000)/13,000×100）である。このように、正味の伸びがマイナスの値の場合、マイナス成長といえる。

# 第 9 章　複表を用いた分析

## ① 複表による収益性の分析指標

- 分析対象として、損益計算書と貸借対照表など複数の書類の情報をもとに行う分析を、**複表分析**という。1つの書類の情報をもとに行う分析を、**単表分析**という。
- 複表を用いて企業の総合的な収益性を評価する指標には、**自己資本利益率**（ROE）、**総資産利益率**（ROA）、**総資本利益率**（ROI）がある。

- 企業経営の最大の目的は、利益獲得である。企業の安全性は将来にわたって経営活動を持続し、恒常的に利益を獲得できるかどうかにかかっている。
- 企業が倒産しない可能性や投資資金が回収不能となる可能性を示す「安全性」と、企業の収益力を示す「収益性」は密接に関連する。
- 損益計算書と貸借対照表による総合的な収益性の主な分析指標には、自己資本利益率（ROE：Return on Equity）、総資産利益率（ROA：Return on Assets）、総資本利益率（ROI：Return on Investments）があり、以下のとおり算定される。

| | | |
|---|---|---|
| ROE：自己資本利益率（％） | ＝ | 当期純利益 ÷ 自己資本 |
| ROA：総資産利益率（％） | ＝ | 利益※1 ÷ 総資産 |
| ROI：総資本利益率（％） | ＝ | 利益※1 ÷ 総資本 |

※1 売上総利益、営業利益、経常利益、当期純利益をそれぞれ分子におくことで、利益の特性に合わせた収益性を評価することができる。

## ＜ROE、ROAの算定と要素分解＞

$$\text{ROE：自己資本利益率（％）} = \frac{\text{当期純利益}}{\text{自己資本}} = \frac{\text{当期純利益}}{\text{売上高}} \times \frac{\text{売上高}}{\text{総資本}} \times \frac{\text{総資本}}{\text{自己資本}}$$

＜要素分解の各指標＞　　　　　売上高利益率　　総資本回転率　　財務レバレッジ

$$\text{ROA：総資産利益率（％）} = \frac{\text{当期純利益}}{\text{総資産}} = \frac{\text{当期純利益}}{\text{売上高}} \times \frac{\text{売上高}}{\text{総資産}}$$

＜要素分解の各指標＞　　　　　売上高利益率　　総資産回転率
　　　　　　　　　　　　　　　　　　　　　　（総資本回転率）

**自己資本利益率（ROE）**：ROEは、所有者である株主の自己資金（自己資本）をいかに活用して、利益を獲得できているかを表す。ROEは国内上場企業で平均10％程度といわれ、大きいほど自己資金がうまく活用されていることを示す。もともとROEは欧米において企業の総合的な収益性指標として用いられてきたが、最近では国内企業においても重視されるようになり、ROEを経営の数値目標として設定する企業が増えている。

**総資産利益率（ROA）、総資本利益率（ROI）**：ROAは、企業が保有する財産を活用していかに利益を獲得できているかを表し、ROIはいかに少ない資金で効率よく利益を獲得できているかを表す。ROAは大きいほど、企業が利益獲得に財産をうまく活用しているといえる。ROIは大きいほど、企業が資金をうまく活用しているといえる。分子には、営業利益、経常利益、当期純利益などの各利益が用いられる。

## ＜ROE、ROAを分解した要素＞

**売上高利益率**（％）：当期純利益の獲得に貢献した売上高の割合を意味する。
**総資本回転率**（回転）：「回転」は売上の効率を指し、売上獲得にどれほど効果的に資本が活用されているかどうかを意味する。
**財務レバレッジ**（％）：「レバレッジ」は梃子（てこ）の原理を模した用語であり、総資本に対して負債を増やすほど梃子の原理で自己資本利益率を大きくする効果を意味する。

第9章　複表を用いた分析

## 第 9 章　複表を用いた分析

### ② 複表による安全性の分析指標

理解したら
Check!!

- 企業の安全性を評価するうえで損益計算書と貸借対照表の情報をもとに用いる指標には、**手元流動性**、**手元流動性比率**、**インタレスト・カバレッジ・レシオ**がある。 □

- インタレスト・カバレッジ・レシオは、借入金の返済能力を評価する際に用いる指標であり、高いほど支払を要する利息（借入金や社債の利息）の支払能力があることを示す。 □

### ココがポイント POINT

- 企業の短期の安全性を示す指標には、流動比率や当座比率がある。企業が流動資産や当座資産に比べて、短期に即座に支払可能な手元資金をどれだけ有しているかが安全性の評価においてより慎重な尺度となる。

- **手元流動性**は手元資金そのもの（＝現金預金＋売買目的有価証券）であり、**手元流動性比率**は手元資金の売上高に占める割合を示す。手元流動性比率は高いほど出費に強く、売上高の30日分以上、できれば90日分の手元資金があればのぞましい。
  流動性の高い資産の順位：1. 手元流動性　2. 当座資産　3. 流動資産

- **インタレスト・カバレッジ・レシオ**（Interest Coverage Ratio）は、営業活動の成果である営業利益と主に投資活動により得た利息や配当の合計金額が、財務活動により生じる支払利息をどれだけまかなっているかを示す。インタレスト・カバレッジ・レシオが高いほど借入金の返済能力があり、5倍以上がのぞましく、一般的な目安は11倍以上である。

- 手元流動性比率、インタレスト・カバレッジ・レシオは次のとおり算定する。

| |
|---|
| 手元流動性比率（日）　　　　　　　　　＝（現金預金 ＋ 売買目的有価証券）※1 ÷（売上高 ÷365日） |
| インタレスト・カバレッジ・レシオ（倍）＝（営業利益 ＋ 受取配当金＋受取利息※2）÷（支払利息＋社債利息） |

※1 手元流動性とは、企業の手元資金がどれぐらいあるのかを表し、現金預金と売買目的有価証券の和で求められる。
※2 個別財務諸表を用いた分析では主に受取配当金と受取利息であるが、連結財務諸表を用いた分析ではそのほか持分法による投資利益もある。

## ＜手元流動性比率とインタレスト・カバレッジ・レシオで見る安全性＞

a. E社の損益計算書、貸借対照表より一部抜粋　　　　　　　　　　　（単位：百万円）

|  | X1年度 | X2年度 | X3年度 | X4年度 | X5年度 |
|---|---|---|---|---|---|
| 損益計算書 |  |  |  |  |  |
| 売上高 | 5,000 | 6,000 | 3,000 | 7,000 | 8,000 |
| 営業利益 | 100 | 120 | 60 | 140 | 180 |
| 受取利息・受取配当金 | 3 | 4 | 5 | 6 | 7 |
| 支払利息・社債利息 | 5 | 10 | 10 | 15 | 15 |
| 貸借対照表 |  |  |  |  |  |
| 流動資産 | 9,500 | 9,880 | 10,450 | 8,550 | 11,440 |
| 現金預金 | 800 | 900 | 500 | 800 | 1,000 |
| 売買目的有価証券 | 200 | 150 | 300 | 500 | 400 |

b. 指標の算定結果

|  | X1年度 | X2年度 | X3年度 | X4年度 | X5年度 |  |
|---|---|---|---|---|---|---|
| 手元流動性 | 1,000 | 1,050 | 800 | 1,300 | 1,400 | （単位：百万円）|
| 手元流動性比率 | 73 | 64 | 97 | 68 | 64 | （単位：日）|
| インタレスト・カバレッジ・レシオ | 21 | 12 | 7 | 10 | 12 | （単位：倍）|

c. インタレスト・カバレッジ・レシオ（単位：倍）の推移

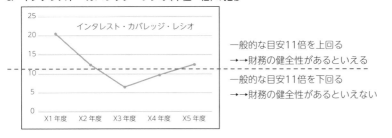

上図表のうち、a.はE社の損益計算書、貸借対照表から抜粋したX1年度から5年間の情報、b.は手元流動性、手元流動性比率およびインタレスト・カバレッジ・レシオの算定結果、c.はインタレスト・カバレッジ・レシオの推移を示している。

手元流動性（＝現金預金＋売買目的有価証券）で示される手元資金の金額、手元流動性比率（＝手元流動性÷（売上高÷365日））が一般的な目安である30日を5年間ですべて上回っていることから、短期に即座に支払可能な資金に余裕があるといえる。一方、営業利益と金融収益（＝受取利息＋受取配当金）の合計が、支払が生じる利息をどれだけカバーするかについては、一般的な目安である11倍を上回る年度と下回る年度があり、5年間の推移から財務の健全性が必ずしも担保されていないことがわかる。

# ━━ 第10章　キャッシュ・フロー計算書による分析 ━━

## ① キャッシュ・フローの評価

理解したら
Check!!

- キャッシュ・フロー計算書は、前期からの現金の増減を活動別に示し、損益計算書では見出すことが難しい黒字倒産の可能性を明らかにする。→キャッシュ・フロー計算書は第3章④参照 □
- 営業CFはプラスがのぞましいが、営業活動でキャッシュを生み出せず流出している場合マイナスになる。 □
- 投資CFはマイナスがのぞましいが、企業が保有財産の売却を行った場合プラスになる。 □

### ココがポイント POINT ⬇

- 企業を分析するうえで、営業CFは資金面を読み取る際、重要な視点を与える。営業活動で得たキャッシュが営業活動で支出したキャッシュを上回れば、営業活動によるキャッシュの獲得能力があるといえるため、営業CFはプラスがのぞましい。
- 投資で生み出したキャッシュが投資で支出したキャッシュを下回れば、積極的な投資を行っている状況を示すため、投資CFはマイナスがのぞましい。
- 営業CFはプラス、投資CFはマイナスがのぞましいことから、営業CFと投資CFの合計であるフリー・キャッシュ・フロー（FCF：Free Cash Flow、略称：フリーCF）はプラスがのぞましい。フリーCFがプラスの状況は、営業活動で稼いだキャッシュを用いて投資資金をまかなえていることを意味し、事業の収益性や財務の健全性の観点からのぞましい。→右図表参照

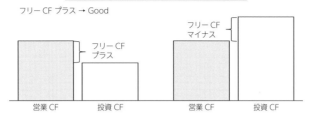

**フリーCFがプラス**：営業活動で生み出したキャッシュ（営業CFプラス）を投資資金にあてている（投資CFマイナス）状況を示す。積極的な投資は将来の利益獲得や事業の成長につながる可能性があるため、事業で生み出したキャッシュを効果的に活用している企業の好事例といえる。

**フリーCFがマイナス**：営業活動で生み出したキャッシュ（営業CFプラス）ではまかなえない資金を、外部からの調達資金（財務CFプラス）で充当することで、積極的な投資を行っている（投資CFマイナス）状況を示す。大規模な設備や事業等に対して一時的に巨額投資を行う企業は、事業で生み出したキャッシュのほか、外部からの資金調達を増やし（財務CFプラス）投資へ充当するが、借入金による資金調達を過度に増やすと、返済リスクを負うことになるため、調達資金のバランスには注意が必要である。

---

**Memo**　　　　　　　　　倒産にも種類がある？

損益計算上、利益が出ておらず損失が生じている状況を、赤字といいます。逆に、損益計算上、利益を獲得している状況を、黒字といいます。赤字が続けば、倒産を招くという、いわゆる赤字倒産については誰しもイメージがしやすいと思います。むしろ注意が必要なのは、黒字であってもキャッシュのやりくりができず倒産してしまうケースがあることです。いわゆる、**黒字倒産**（Black-ink bankruptcy）です。

$$\text{キャッシュの獲得} \neq \text{利益の獲得}$$

であり、キャッシュ・フロー分析を通じてキャッシュと利益をバランスよく獲得できている企業かどうかを見極める必要があります。

# 第10章 キャッシュ・フロー計算書による分析

## ② 営業CFの表示方法とCFのパターン

- 営業CFの表示方法には、直接法と間接法がある。損益計算書で算定される利益から資金の増減額を導く、間接法が主に採用されている。
- 投資CF、財務CFの表示方法については、直接法のみである。
- 3つの活動別CFのプラス（＋）、マイナス（－）のパターンで整理すると、8つのケースが想定される。パターン分析によって企業の経営状況が読み取れる。→右図表参照

### ココがポイント

- 営業CFの表示方法は2種類ある。**直接法**は収入と支出の総額を示し、その差額を示すのに対し、**間接法**は損益計算書で算定される利益を出発点に調整を加え差額を示す。国内企業は一般的に間接法を採用している。

| 直接法による場合 | |
|---|---|
| I　営業活動によるキャッシュ・フロー | |
| 売上収入 | XXX |
| 仕入支出 | －XXX |
| 人件費支出 | －XXX |
| その他営業支出 | －XXX |
| 小計 | XXX |

| 間接法による場合 | |
|---|---|
| I　営業活動によるキャッシュ・フロー | |
| 税引前当期純利益 | XXX |
| 減価償却費 | XXX |
| 売上債権の増加 | －XXX |
| 仕入債務の増加 | XXX |
| 小計 | XXX |

- 右図表は、3つの活動別CFについて、プラス（＋）、マイナス（－）のパターンを整理したものであり、8つのパターンによって企業の経営状況を読み取ることができる。

<優良企業のCFパターン例>

→右図表のパターンDを示す

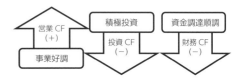

## ＜キャッシュ・フローの8つのパターン＞

| パターン | 営業CF | 投資CF | 財務CF |
|---|---|---|---|
| A | プラス（＋） | プラス（＋） | プラス（＋） |
| B | プラス（＋） | プラス（＋） | マイナス（－） |
| C | プラス（＋） | マイナス（－） | プラス（＋） |
| D | プラス（＋） | マイナス（－） | マイナス（－） |
| E | マイナス（－） | プラス（＋） | プラス（＋） |
| F | マイナス（－） | プラス（＋） | マイナス（－） |
| G | マイナス（－） | マイナス（－） | プラス（＋） |
| H | マイナス（－） | マイナス（－） | マイナス（－） |

分析の重要な視点：
投資資金を営業CFで
まかなえているか？
すなわち、

営業CF プラス（＋）
投資CF マイナス（－）

**パターンA**：営業活動でキャッシュを生み出し、また保有資産の売却収入によりキャッシュを得たうえで、資金調達を積極的に行っている。将来的に大規模投資の計画があり、資金の準備を進める様子がうかがえる。

**パターンB**：営業活動でキャッシュを生み出し、保有資産の売却収入によりキャッシュを得て、借入金の返済等に使っている。借入金の返済を積極的に行い、財務の健全性向上を目指す様子がうかがえる。

**パターンC**（ベンチャー企業や注意を要する企業）：営業活動で生み出したキャッシュと、調達資金を原資に、積極的な投資を行っている。ただし、資金調達のバランスが重要であり、借入金依存になっていないかどうかは注意を要する。

**パターンD**（好調な企業）：営業活動で生み出したキャッシュを、投資や借入金の返済等にあてている。運転資金が潤沢な優良企業の事例といえる。

**パターンE**：保有資産の売却収入によるキャッシュや、新たに調達した資金を用いて、営業活動で生じたキャッシュのマイナス分をまかなっている。この状態が続くと、利益が出ていても倒産のリスクが高い。

**パターンF**（不調な企業で要観察）：保有資産の売却収入によるキャッシュを用いて、営業活動で生じたキャッシュの不足分や借入金の返済資金をまかなうなど苦しい資金繰りが読み取れる。

**パターンG**（業績不振だが借入による大規模投資、営業CF改善要）：新たに借入金などで調達した資金を、営業活動で生じたキャッシュのマイナス分や、大規模な投資の資金にあてており、営業CFの早急な改善がのぞまれる。

**パターンH**（倒産リスク高）：営業活動でキャッシュが生み出せず、投資でマイナスが生じているものの、新たに資金を調達せず、保有キャッシュによってまかなっている。

# 第10章 キャッシュ・フロー計算書による分析

## ③ 複表を用いた分析

- 売上高に占める営業CFの割合を示す**売上高営業CF比率**は、キャッシュ・フロー計算書（C/F）と損益計算書（P/L）を用いた分析指標である。
- 営業CFと営業利益の関係は、営業CF＞営業利益である。
- キャッシュ・フローと有利子負債の関係を観察する際用いる**CF有利子負債倍率**は、フリーCFに対する有利子負債の割合を示し、キャッシュ・フロー計算書（C/F）と貸借対照表（B/S）を用いた分析指標である。

### ココがポイント POINT

- 売上高営業CF比率は、営業活動によって獲得できたキャッシュの売上高に占める割合を示し、平均5〜8％程度といわれている。
- 一般的に、営業CFは現金支出を伴わない減価償却費の分、営業利益に比べて大きくなる。**減価償却費**とは、土地を除く有形固定資産が時間の経過や使用に伴う摩耗に応じて減少する価値を、費用計上したものを指す。→右図表参照

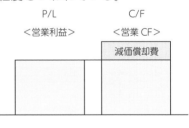

- CF有利子負債倍率は、企業の資金獲得能力に対してどれだけの有利子負債があるのかを示し、営業CFのおよそ2〜3倍が平均値とされる。
- 売上高営業CF比率、CF有利子負債倍率は、以下のとおり算定される。

> 売上高営業CF比率(％) ＝ 営業CF ÷ 売上高
> CF有利子負債倍率(倍) ＝ 有利子負債[※1] ÷ 営業CF または フリーCF

※1 有利子負債とは、利子の支出を伴う負債を指し、短期借入金、長期借入金、コマーシャル・ペーパー、社債がある。

## ＜営業CFを用いた分析のポイント＞

**売上高営業CF比率**：右図表にあるように、営業活動によって獲得した資金（営業CFプラス）を、設備や金融などの投資にあてる、また借入金の返済などにまわす余裕のある企業は、財務の健全性が高いとされ、評価される。

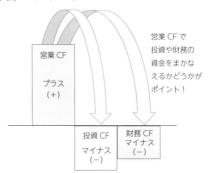

　営業CFは、いわゆる事業でもうけることができるかどうかを示し、企業の資金獲得能力そのものである。営業CFがマイナスになった場合には、借入や株式発行等による資金調達を行い（財務CFプラス）、調達した資金を営業CFの不足分や投資にあてる必要がある。ただし、営業CFのマイナスが継続するような企業は、事業でもうける力がなく、資金面で相当厳しい状況にある。売上高営業CF比率が高いほど、効率的にキャッシュを獲得できている。

**CF有利子負債倍率**：CF有利子負債倍率を観察する際、営業CFは実用性の面でフリーCFに比べて活用しやすいという利点がある。

---

### Memo　　　　　減価償却

　減価償却費を算定する方法には、定額法、定率法、級数法、生産高比例法などがあります。そのうち定額法と定率法を用いて減価償却費を算定し、比較しています。減価償却費は現金支出を伴わない費用であることが特徴となっています。つまり、減価償却費は利益を減少させますが、営業CFは減少させないため、営業CF＞営業利益の関係が成立します。→第19章⑤参照

例：建物　　　初年度の減価償却費

減価償却費算定の3要素（耐用年数50年、取得原価10,000万円、残存価額10%）

定額法：10,000万円×0.9（=1-0.1）÷50年＝180万円/年
　　⇒計上される減価償却費は、50年間一定です。

定率法：10,000万円×0.042（償却率50年）＝420万円/年
　　⇒計上される減価償却費は、初年度が最も高く、毎年減少していきます。

---

## 第11章　その他の定量分析

## ① 効率性の分析指標

理解したら
Check!!

- 効率性とは、調達した資金や獲得した資産をいかに有効に活用し、売上や利益の獲得につなげているかを意味する。

□

- 総資産回転率（Total Asset Turnover）は、企業が保有資産をいかに効率的に活用して売上獲得につなげているかを表し、高いほど効率性が高い。

□

- 効率性の指標には、「回転率」に加え、「回転期間」（日数や月数など）で示すものがある。

□

## ココがポイント POINT

- 企業の効率性を示す用語として、「回転」を含む「回転率」や「回転期間」がある。効率性の分析指標は右ページに整理しているが、評価の目安として次のとおり考えるとよい。

＜評価の目安＞

| 総資産回転率 売上債権回転率 棚卸資産回転率 固定資産回転率 仕入債務回転率 | 回転率が高いほど○、低いほど要注意！！ |
|---|---|

| 総資産回転期間 売上債権回転期間 棚卸資産回転期間 固定資産回転期間 仕入債務回転期間 | 回転期間が短いほど○、長いほど要注意！！ |
|---|---|

注：回転率、回転期間の目安は、業種や業界によって異なる。

- 売上債権回転率、売上債権回転期間を一例として取り上げる。売上債権回転率が低くなる、ないし、売上債権回転期間が長くなる状況は、売上債権が現金回収されるまでに時間を要し、資金を効率よく活用できていないことを意味する。このような状況が長期化すれば、資金不足に陥る可能性が高い。よって、企業が資金を効率よく活用するためには、できるだけ売上債権の現金回収を早く行うよう改善が求められる。

76

## ＜回転率と回転期間の算定＞

回転率：
総資産回転率（回転または回）　＝　売上高 ÷ 総資産
売上債権回転率（回転または回）　＝　売上高 ÷ 売上債権※1
棚卸資産回転率（回転または回）　＝　売上原価 ÷ 棚卸資産※2
固定資産回転率（回転または回）　＝　売上高 ÷ 固定資産
仕入債務回転率（回転または回）　＝　売上原価 ÷ 仕入債務※3

回転期間※4：
総資産回転期間（日数）　＝　総資産 ÷（売上高 ÷ 365日）
売上債権回転期間（日数）　＝　売上債権※1 ÷（売上高 ÷ 365日）
棚卸資産回転期間（日数）　＝　棚卸資産※2 ÷（売上原価 ÷ 365日）
固定資産回転期間（日数）　＝　固定資産 ÷（売上高 ÷ 365日）
仕入債務回転期間（日数）　＝　仕入債務※3 ÷（売上原価 ÷ 365日）

※1 売上債権には、受取手形、売掛金などがあり、得意先からの資金回収のサイクルを評価する際に役立つ。
※2 棚卸資産には、原材料、商品、製品、仕掛品などがあり、期末時点の在庫量が適正かどうかを評価するうえで役立つ。
※3 仕入債務には、支払手形、買掛金などがあり、仕入先への資金返済のサイクルを評価する際に役立つ。
※4 回転期間として、日数のほか、月数を用いる場合がある。

## Memo

### 総資産回転率を用いた効率性分析

　総資産回転率は、売上の割に資産が多すぎる、あるいは、少なすぎるという点で、分析の視点を与えてくれます。総資産回転率の目安は、業種や業態などで幅がありますが、上場企業は平均1回転程度といわれています。

　下図表は、A社のX1～X5年度の総資産回転率を示しています。A社の総資産回転率は5年間平均で1回転を上回っており、売上規模に見合う資産を取得し、効率的に活用できていることがわかります。総資産回転率が悪い企業については、棚卸資産回転率や固定資産回転率を算定し、その要因を探っていきます。

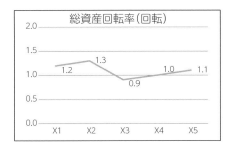

評価：
総資産回転率が5年間を通じて
平均1回転程度
→ 効率性があると評価できる

# 第11章 その他の定量分析

## ② 生産性の分析指標

理解したら
Check!!

- 企業が付加価値を生み出す能力を示すのが、**生産性**である。
- **付加価値**（added value）は、企業が外部から購入した原材料や資源に社内の経営資源を活用して新たに生み出したプラスの価値を指し、付加価値額の算定方法には控除法と加算法がある。
- **労働生産性**（productivity）は、人的資源から見た生産性を表す指標であり、労働生産性の変動は企業の収益性に影響を与える要因となる。

- 企業が付加価値を生み出すことでビジネスが成り立ち社会に貢献している。その付加価値を金額で表した付加価値額は以下のとおり算定される。控除法は、企業の売上高（総生産高）から外部の価値（外部購入額）を控除するのに対し、加算法は、企業が生み出した価値を加算する。

控除法：付加価値額(円) ＝ 売上高 − 外部購入額[1]
加算法：付加価値額(円) ＝ 人件費[2] ＋ 賃借料[3] ＋ 税金[4] ＋ 金融費用[5] ＋ 当期純利益[6]

[1] 外部購入額には、原材料、外注加工賃、電気・ガス・水道・運送・通信等の外部から調達したサービスコストがある。
[2] 人件費は、従業員などの人的資源である労働者に分配される金額を指す。
[3] 賃借料は、土地や建物などの物的資源の提供者に分配される金額を指す。
[4] 税金は、国や地方に収める税金(租税)、公共団体へ収める会費や罰金など(公課)の金額を指す。
[5] 金融費用は、借入金や社債といった他人資本の提供者に分配される金額を指す。
[6] 当期純利益は、配当や企業の内部留保として株主に帰属する金額を指す。

- 付加価値額のうち、人件費は重要な構成要素である。労働生産性は従業員1人当たりの付加価値を算定した生産性の指標であり、従業員数は期首と期末の平均を用いる。

労働生産性(円) ＝ 付加価値額 ÷ 従業員数

## ＜労働生産性の要素分解＞

売上高を用いる場合：

$$労働生産性（円） = \frac{付加価値額}{従業員数} = \frac{売上高}{従業員数} \times \frac{付加価値額}{売上高}$$

↓　　　　　　　　↓

従業員一人当たり売上高　売上高付加価値率

＜要素分解の各指標＞

従業員一人当たり売上高（円）： 売上高を従業員数で除したものを示す。
売上高付加価値率（％）　　　： 売上高に占める付加価値額の割合を示す。

有形固定資産額を用いる場合：

$$労働生産性（円） = \frac{付加価値額}{従業員数} = \frac{有形固定資産}{従業員数} \times \frac{付加価値額}{有形固定資産}$$

↓　　　　　↓

労働装備率　設備生産性

＜要素分解の各指標＞

労働装備率（円）： 有形固定資産額を従業員数で除したものを示す。
設備生産性（％）： 有形固定資産1単位当たりの付加価値額の割合を示す。

### ◯◯プラスの視点

　上記算定式の要素分解によって、各要素の変動から労働生産性の要因分析を行い、改善につなげることができる。労働生産性の改善策では、例えば業務の効率化を進めることにより間接部門の人員削減を行う、販売数量や販売単価を引き上げる、商品の仕入単価を引き下げるといったものが考えられる。また設備の利用率を上げる、設備投資を促進するといった改善策も考えられる。

## ＜労働分配率＞

　労働分配率は、付加価値額に占める人件費の割合を意味し、付加価値額が人件費として適切に分配されているかどうかを示す指標である。労働分配率が高い企業は人件費過多の可能性があり、労働分配率の低い企業は付加価値額に見合う給与になっていない可能性が考えられる。

$$労働分配率（％） = \frac{人件費}{付加価値額}$$

### Memo

#### 世界で見る日本の労働生産性

　2022年における日本の就業者1人当たり労働生産性はOECD加盟38か国中31位の85,329ドル（約833万円）でした。これは世界における日本の労働生産性の低さを示しています。

出典：公益財団法人日本生産性本部（2023）「労働生産性の国際比較2023」、1ページ、https://www.jpc-net.jp/research/detail/006714.html（2024年11月15日閲覧）。

# 第11章 その他の定量分析

## ③ 成長性の分析指標

- 企業価値を評価するうえで、株主の投下資本から見た企業の成長性が投資家にとって重要な視点を与える。
- 株主に帰属する利益額や株価を用いた **1株当たり利益**（EPS：Earnings Per Share）や**株価収益率**（PER：Price Earnings Ratio）が算定される。
- **サステナブル成長率**（Sustainable Growth Rate）は、企業の内部留保率と収益性を示すROEを基礎に算定され、1株当たり利益の予測に用いる。

### ココがポイント

- 投資家は企業の成長性、特に株主に帰属する利益額や株価の動向を注視している。ここでいう成長性の分析指標には、1株当たり利益（EPS）、株価収益率（PER）、サステナブル成長率などがある。

```
1株当たり利益(円)    ＝ 当期純利益 ÷ 発行済株式数
株価収益率(倍)       ＝ 1株当たり株式時価 ÷ 1株当たり利益
サステナブル成長率(％) ＝ ROE※1 ×（1 － 配当性向※2） ＝ ROE × 内部留保率
                                    ↓
                   内部留保率とよばれ、(当期純利益 － 年間配当金) ÷ 当期純利益で求められる。
```

※1 ROEとは、自己資本利益率を示し、自己資本における当期純利益の割合であり、企業の収益性を表す指標として重視される。
※2 配当性向は、企業が1年間で獲得した利益からどれだけ配当として株主に還元しているかを示し、年間配当金を当期純利益で除して求める(単位：％)。

- サステナブル成長率とは、企業が外部から資金調達を行わずに内部留保だけを活用し、事業に再投資したと仮定した場合期待される、理論上の持続可能な成長率をいう。→出典は本書末尾（参考文献一覧に※1～3）に記載

## ＜サステナブル成長率を用いた分析＞

下図表で示すA社のX１〜X３年度の情報をもとにサステナブル成長率を算定する。

|  | X1年度 | X2年度 | X3年度 |
| --- | --- | --- | --- |
| ROE（％） | 8.0 | 8.5 | 9.0 |
| 配当性向（％） | 40.0 | 44.0 | 45.0 |
| 内部留保率（％） | 60.0 | 56.0 | 55.0 |
| サステナブル成長率（％） | 4.80 | 4.76 | 4.95 |

サステナブル成長率の算定例
　X１年度：X１年度ROE8.0％×X１年度内部留保率60.0％＝4.80％
　X２年度：X２年度ROE8.5％×X２年度内部留保率56.0％＝4.76％
　X３年度：X３年度ROE9.0％×X３年度内部留保率55.0％＝4.95％
考察：３年間を通じてA社のサステナブル成長率は５％に近い４％後半で推移し、2023年全業種平均の中央値5.1％の近似値であることから、成長性を評価できる。なお、サステナブル成長率は、業種や業態によって異なることを考慮しておくとよい。

### ○○プラスの視点

企業は株主に帰属する内部留保（＝当期純利益－年間配当金支払額）をできるだけ活用し、獲得した利益やキャッシュ・フローの持続的成長へつなげているかどうかを観察する。

### Memo　なぜ内部留保が株主にとって重要なのか？

内部留保とは、損益計算書で算定された当期純利益から、株主に対して支払った配当金を差し引いて企業内部に蓄えられた残りの利益額を意味し、貸借対照表の純資産に「利益剰余金」として計上されます。投下した資金を原資に企業が将来にわたって成長できるかどうか、すなわち将来への持続的な成長性（growth）に株主は強い関心を持っています。内部留保を用いた利益やキャッシュ・フローの獲得ができる企業が高い評価を得る点を、ここでしっかり理解しておきましょう。

持続的な成長は
企業評価の証となる

# レッスン4

## 分析の応用力を養う

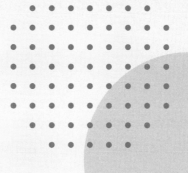

# 第12章　比較分析

## ① 競合他社との比較（クロスセクション分析の例）

- 同一時点における競合他社との比較分析（クロスセクション分析）は、競争優位性や差異を明らかにする。→第6章②参照
- 競合他社との比較分析において、収益性を観察する場合、売上高の規模だけでなく、複数の指標を用いて観察する。
- 財務三表のほか事業や地域ごとに集計したセグメント別の情報を組み合わせるなどして分析指標を算定し、競合他社との比較に活用する。

### ココがポイント

- 競合他社との比較分析は、同一業種や業界における企業1社や1つの企業グループの分析では見えてこない経営状況や課題を複数の角度から観察するために有効である。収益性をはじめ、成長性、安全性、効率性、生産性においても、他社比較分析は援用できる。

<競合他社との比較分析の例（クロスセクション分析）>

下図表は、小売企業A社と競合他社B社のX1年度の財務情報を示している。この情報をもとに収益性に関する他社比較を行う。→考え方は右ページ

**両社損益計算書（X1年度）より一部抜粋**

（単位：万円）

|  | A社 | B社 |
|---|---|---|
| 売上高 | 5,000 | 8,000 |
| 売上原価 | 4,000 | 6,800 |
| 売上総利益 | 1,000 | 1,200 |
| 販管費 | 500 | 960 |
| 営業利益 | 500 | 240 |

## ＜クロスセクション分析の考え方＞

### 1. 売上高（基準年度の考え方を援用）

A社の売上高を基準とした場合、B社売上高8,000万円÷A社売上高5,000万円×100＝160％（1.6倍）となり、B社の売上高はA社に比べて<u>1.6倍の規模</u>となっている。両社の売上規模の差は実質<u>60％（＝100-60％）</u>になっている。

### 2. 営業利益（百分比損益計算書による構成比率の考え方を援用）

営業利益は本業で獲得した利益であり、事業の稼ぐ力を示すため、売上高営業利益率は高いほどのぞましい。A社＞B社となり、A社の方がB社より高い。

A社：営業利益500万円÷売上高5,000万円×100＝<u>10％</u>
B社：営業利益240万円÷売上高8,000万円×100＝ 3 ％

### 3. 売上原価（百分比損益計算書による構成比率の考え方を援用）

売上原価および販管費は費用であり、利益の減少要因であるため、売上高売上原価率および販管費率は低いほどのぞましい。いずれもA社＜B社となり、A社の方がB社より低い。

売上原価率→A社：売上原価4,000万円÷売上高5,000万円×100＝<u>80％</u>
　　　　　　B社：売上原価6,800万円÷売上高8,000万円×100＝85％
販管費率　→A社：販管費500万円÷売上高5,000万円×100＝<u>10％</u>
　　　　　　B社：販管費960万円÷売上高8,000万円×100＝12％

### 分析を踏まえて〜総合的な考察〜

以上の結果から導かれるのは、A社はB社に比べて売上規模は小さいが、売上原価および販管費を抑制し、営業利益を効率的に獲得している点が読み取れる。これは、売上規模が大きいからといって必ずしも利益率が高いとは限らないことを示している。A社はB社に比べて獲得する売上高は少ないが、事業の稼ぐ力があり、収益性が高いことを意味する。なお、利益を増やす方法として、売上高を増やす、売上原価や販管費といった費用を減らすなどが考えられる。

### ◯◯プラスの視点

- 売上高の大きさだけで企業を比較するのではなく、さまざまな指標を用いて総合的に観察する。
- 利益最大化は、収益の増加だけでなく、費用の抑制をあわせて考慮しなければならない。
- 企業が採用する会計処理方法によって、算定される財務諸表の数値にちがいが生じる。

# 第12章　比較分析

## ② セグメント情報の活用

- 事業の種類別や地域の所在地別に損益や資産状況などを明らかにした情報を、**セグメント情報**とよぶ。セグメントは「部分」や「区分」を指す。
- セグメント情報の開示は上場企業の連結決算において求められており、企業の決算短信や有価証券報告書に記載される。
- 経営者が企業内部における経営管理のため設けるセグメントの区分を重視する考え方を、マネジメント・アプローチという。

- セグメント情報の開示項目は会計基準により定められている（セグメント会計基準第17-22項）。
- **事業セグメント**は企業の構成単位を指し、収益や費用が生じる事業の種類別に区分される。量的基準に従って区分されたものの中から、売上高、利益、資産のいずれかが10％以上のものを、**報告セグメント**として開示する。
- **地域セグメント**は事業が展開される地域を指し、各地域の売上収益や有形固定資産などの情報がある。

楽天グループのセグメント情報（2023年度）
(1) 事業セグメント
(単位：百万円)

|  | インターネットサービス | フィンテック | モバイル | 合計 |
|---|---|---|---|---|
| セグメントに係る売上収益 | 1,212,314 | 725,165 | 364,556 | 2,302,035 |
| セグメント損益 | 76,831 | 122,915 | △ 337,524 | △ 137,778 |

(2) 地域セグメント
(単位：百万円)

|  | 日本 | 米国 | 欧州 | アジア | その他 | 合計 |
|---|---|---|---|---|---|---|
| 外部顧客に対する売上収益 | 1,756,243 | 213,031 | 49,052 | 51,270 | 1,719 | 2,071,315 |
| 有形固定資産および無形資産 | 1,687,127 | 394,144 | 129,058 | 79,076 | 2,633 | 2,292,038 |

出典：楽天グループ株式会社「有価証券報告書」（2023年度）、135ページ、137ページ、
https://corp.rakuten.co.jp/investors/documents/asr.html（2024年11月20日閲覧）より一部抜粋。

### ＜セグメント情報を用いた分析＞

　左ページで示した楽天グループのセグメント情報（2023年度）をもとに次のグラフ2点を作成し、分析の視点を整理している。

図表1　事業セグメント

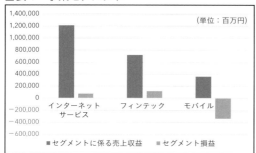

図表2　地域セグメント

グラフを用いた分析：

- **図表1**の棒グラフは、楽天グループの事業セグメント情報（2023年度）を対象に、主な事業の売上収益（売上高）と損益を示している。主力事業であるインターネットサービス事業と付随するフィンテック事業では売上を獲得し、利益を得ていることがわかる。一方、モバイル事業で損失が生じているため、2事業で獲得した利益を吹き飛ばす状況であり、早期にモバイル事業の収益性改善がのぞまれる。
- **図表2**の円グラフは、楽天グループの地域セグメント情報（2023年度）を対象に、事業が展開される主な地域である日本、米国、欧州、アジアの売上収益（売上高）を示している。日本の売上収益が全地域の85％で最大の収益源となっている。米国、アジア、欧州の売上収益を合計しても15％程度である。このような点から読み取れるのは、すでに主力地域となっている日本の収益性を今後いかに維持・向上するか、また海外の収益性向上をいかにはかるかが課題である。

### ◯◯プラスの視点

- 事業の種類別や地域別で売上高（売上収益）、利益、資産を観察する。
- 事業の強みや弱み、地域のシェアやポジションを理解し、分析に反映する。

# 第12章　比較分析

## ③ EBITDAの活用

- EBITDAは企業が生み出すキャッシュ・フロー（CF）を簡易的に算定する際の指標であり、EBITDAが大きいほど、事業でキャッシュを多く生み出し、収益性が高い。
- EBITDAマージンは、減価償却費の影響を除いた本業の収益力を測定する指標であり、大きいほど収益性が高いといえる。

- EBITDA（Earnings Before Interest Taxes Depreciation Amortization、イービットディーエーとよぶ）は、「金利、税金、減価償却、無形固定資産の償却を控除する前の利益」をいう。⇒右ページ参照

- 以下に、EBITDA、EBITDAマージンの簡易的な算定式を示している。

  EBITDA（円）　　　　　＝　営業利益 ＋ 減価償却費[※1]（無形固定資産の償却費[※2]を含む）
  EBITDAマージン（%）　＝　EBITDA ÷ 売上高

  ※1 減価償却費とは、土地を除く有形固定資産の価値減少を費用配分したものである。損益計算書の販管費に区分・計上されるが、現金支出を伴わない。

  ※2 無形固定資産は、資産計上後に毎期均等額ずつ償却され、累計された償却額を控除した残額が貸借対照表上に記載される。

- 国によって金利水準や税率、減価償却方法が異なるため、それらの差を最小化した本質的なキャッシュ・フローを示すEBITDAが、グローバル企業、メーカー、多額の設備投資を行う企業の比較分析などで用いられている。
- 減価償却費は実際には現金支出を伴わない費用であり、営業利益に減価償却費を加えた金額、すなわちEBITDAがキャッシュとして企業の手元資金となる。
- 一方、EBITDAの算定方法は複数あるため、営業利益やフリーCFなど収益性の指標と組み合わせた総合的な判断が必要である。

## <EBITDAを用いた分析>

以下では、楽天グループの有価証券報告書から入手した情報にもとづき、EBITDAを用いた分析の視点を参考までに整理している。

$$EBITDA = 営業利益 + 減価償却費及び償却費$$

図表1　営業損益、減価償却費及び償却費　　図表2　EBITDA（5年間の推移）

(単位：百万円)

| 年度 | 営業損益 | 減価償却費及び償却費 | EBITDA |
|---|---|---|---|
| 2019 | 72,745 | 106,370 | 179,115 |
| 2020 | △ 93,849 | 151,506 | 57,657 |
| 2021 | △ 194,726 | 197,353 | 2,627 |
| 2022 | △ 371,612 | 259,907 | △ 111,705 |
| 2023 | △ 212,857 | 299,771 | 86,914 |

増加傾向

出典：楽天グループ株式会社「有価証券報告書」(2019〜2023年度)、https://corp.rakuten.co.jp/investors/documents/asr.html (2024年11月20日閲覧)をもとに筆者作成。

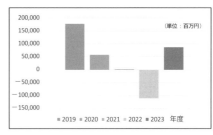

グラフを用いた分析：

- **図表1**は、楽天グループの連結財務諸表（2019〜2023年度）より一部抜粋した情報を示している。営業損失（営業損益がマイナスの状態）が2020年度から続いている要因として現金支出を伴わない費用である減価償却費及び償却費の増加が考えられる。有価証券報告書の注記情報に注目すると、特に、のれんやソフトウェアなど無形固定資産の償却費が年々増加し、営業損益を圧迫していることがわかる。
- **図表2**の棒グラフは、楽天グループの連結財務諸表（2019〜2023年度）をもとに算定したEBITDAの5年間の推移を示している。EBITDAが2019年度より減少し続け、2022年度にはマイナス値となり、ここ数年における収益性の悪化を読み取ることができる。2023年度EBITDAはプラスに転じ、営業損失が前年度よりやや改善の兆しが見られるため、総合的な判断としては、今後の収益性を継続して注視する必要がある。

### 👓プラスの視点

- 事業により生み出される「利益」や「キャッシュ」を、手元資金の観点から分析する。
- 減価償却費や無形固定資産の償却費の変動要因を掘り下げる。

# ━━ 第13章　ガバナンス関連情報 ━━

## ① コーポレート・ガバナンス

理解したら
Check!!

- コーポレート・ガバナンスは、「企業に対するチェック機能や規律づけ」をいう。 □
- コーポレートガバナンス・コードは、持続的な経営を目指す企業のガバナンス強化に向けた企業に対する指針をいう。 □
- 国内企業による不祥事や組織的不正の抑止、国際競争力向上、国際的な比較可能性や経営の透明性確保などが背景にある。 □

### ココがポイント **POINT**

- コーポレート・ガバナンス（Corporate Governance、略称：CG、企業統治）とは、「会社が、株主をはじめ顧客・従業員・地域社会等の立場を踏まえた上で、透明・公正かつ迅速・果断な意思決定を行うための仕組み」を意味する。→東京証券取引所（2021）参照

| 原則1 | 株主の権利・平等性の確保 |
| --- | --- |
| 原則2 | 株主以外のステークホルダーとの適切な協働 |
| 原則3 | 適切な情報開示と透明性の確保 |
| 原則4 | 取締役会等の責務 |
| 原則5 | 株主との対話 |

- コーポレート・ガバナンス改革では、企業の持続的な成長と中長期的な企業価値向上を目的とし、経営の監視体制強化、ステークホルダーへの利益還元、サステナビリティ活動の促進などといった企業の取組を求めている。

### ◯◯プラスの視点

- CG情報の開示内容は、有価証券報告書においても年々拡充している。
- 収益性や成長性にもとづく経営活動を念頭に、CG情報を活用して分析を発展させる。

## ＜コーポレート・ガバナンス体制の開示例＞→第4章①関連

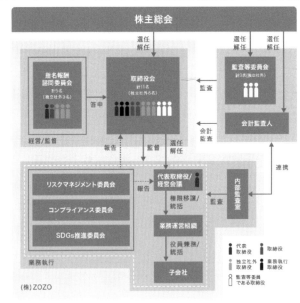

(株)ZOZO

出典：株式会社ZOZO「コーポレートガバナンス体制」、https://corp.zozo.com/sustainability/governance/(2025年2月20日閲覧)。

> **Memo**
> ### コーポレート・ガバナンスの変化〜狭義から広義へ〜
>
> ガバナンスは「船を操舵する」の含意があり、コーポレート・ガバナンスは、所有者の株主にとっての利益最大化を目的とする経営者に対する規律づけや監視という、<u>狭義の意味</u>でもともと用いられていました。企業はそもそも経営者のものではなく、所有者である株主のものとする考え方です。
>
> しかし、国内上場企業による不祥事や不正が相次いで発覚し、また国際競争力の観点から見た経営の透明性確保などを企業に求める海外投資家を中心とする声が高まってきました。
>
> そこで、経営者が適切な意思決定や方針のもとで経営を担い、株主のみならず多様なステークホルダーに対する責任を果たすための仕組みや体制、ルールを、<u>広義の意味</u>でコーポレート・ガバナンスとよび、より対象が広範囲に及んでいます。ガバナンスが有効に機能しているかが、企業評価において特に重視されています。

# 第13章　ガバナンス関連情報

## ② スチュワードシップと責任投資

理解したら
Check!!

- **スチュワードシップ責任**は、財産の管理を任された者が長期的な価値創造を促進するために果たすべき責任と称される。☐

- スチュワードシップ責任にもとづきESG要因を含むさまざまな点を考慮した機関投資家の責任ある投資行動や戦略等を、**責任投資**とよんでいる。☐

- **スチュワードシップ・コード**は機関投資家の行動指針であり、投資先企業との対話を通じて中長期的視点から投資先企業の持続的成長を促す。☐

### ココが**ポイント** POINT

- 機関投資家は、個人投資家らの拠出した多額の資金を有価証券等で運用・管理する社団や法人を指す。

- スチュワードシップ責任は、機関投資家が投資先企業やその事業環境等に関する理解を深め、サステナビリティを考慮しつつ、企業との建設的な対話を通じて企業の持続的成長と顧客・受益者の中長期的な投資リターンの拡大を念頭においている。

- **責任投資原則**（PRI：Principles for Responsible Investment）は、機関投資家の責任ある投資を推進するために提唱され（右ページ参照）、PRIへの署名機関が2006年以来世界で増加している。

- 日本版スチュワードシップ・コードは8つの原則で構成される。以下は受入れ表明を行った機関投資家の内訳を示す。→金融庁（2020）、金融庁（2024c）参照

### 日本版スチュワードシップ・コードの受入状況

| 「受入れ表明」を行った機関投資家の内訳 | |
|---|---|
| 信託銀行等 | 6 |
| 投信・投資顧問会社等 | 208 |
| 生命保険・損害保険会社 | 24 |
| 年金基金等 | 84 |
| その他（機関投資家向けサービス提供者等） | 11 |
| 合計　（2024年12月31日時点） | 333 |

## ＜スチュワードシップ・コードに関する取組の開示例＞

出典：株式会社かんぽ生命保険「責任投資レポート」（2023年度）、49ページ、株式会社みずほフィナンシャルグループ「スチュワードシップ責任とESG投資への取り組み」、https://www.mizuho-fg.co.jp/csr/business/investment/stewardship/index.htmlより一部抜粋（いずれも2024年11月18日閲覧）。

- PRIは、機関投資家の責任ある投資を推進するために提唱された次の6つの行動指針・原則を指し、PRIに署名した機関投資家は守らなければならない。

    原則1　投資分析と意思決定のプロセスにESG課題を組み込む
    原則2　活動的な所有者となり所有方針・所有習慣にESG課題を組み込む
    原則3　投資対象の主体に対してESG課題の適切な開示を求める
    原則4　資産運用業界に原則の受け入れと実行の働きかけをおこなう
    原則5　原則を実行するときの効果を高めるために協働する
    原則6　原則の実行に関する活動状況や進捗（しんちょく）状況を報告する

出典：PRI（国連環境計画・金融イニシアティブ（UNEP FI）と国連グローバル・コンパクトと連携した投資家イニシアティブ「責任投資原則」、https://www.unpri.org/download?ac=14736（2024年11月12日閲覧）。

- PRIへの署名機関が2006年以来世界で増加する理由には、無数でたえず変化する性質をもつESG要因の投資への影響（マテリアリティ）、市場における資金需要、ESG要因の考慮を求める規制などが背景にある。

## Column　　スチュワードシップの由来

スチュワードシップ（stewardship）＝スチュワード（steward）＋シップ（ship）

スチュワード→家の守護者、家政婦の語源とし、不動産の管理人などを意味する。
シップ　　　→品質、状態、行為、権力、スキル、役職、地位などを意味する。
　現在、スチュワードシップは「管理責任」や「管理者の役割」といった意味で用いられています。

# 第13章　ガバナンス関連情報

## ③ サステナビリティ情報

理解したら
Check!!

- **サステナビリティ情報**は、企業が自社の環境配慮や社会貢献等に関する活動についての情報をいい、ステークホルダーや社会に広く開示される。□

- **ESG**はもともと投資の観点から生まれた造語であり、ESGを意識した投資が**ESG投資**である。□

- 環境（E：Environment）、社会（S：Social）、ガバナンス（G：Governance）を表す**ESG**（イーエスジーとよぶ）を意識した経営や投資のあり方が求められている。□

### ココが**ポイント**
**POINT**

- サステナビリティは持続可能性を示す。**サステナビリティ情報**は非財務情報である。

- サステナビリティ経営とは、気候変動問題や人権問題などの社会課題が世界で顕在化する中で、地球環境の保全や社会的制度・秩序の維持・発展に貢献し、企業自らが社会に認められ持続的に行う経営をいい、そのような経営のあり方に対する投資家の関心が高まっている。

- 一方、投資家がESG投資を通じて社会によいインパクトを与え、その結果として長期的なリターンを獲得するのがのぞましい。→第13章②関連

### ◯◯プラスの視点

- 企業のホームページや報告書のほか、有価証券報告書における情報開示が拡充している。→Memo参照

- 財務情報の分析に、サステナビリティ情報（非財務情報）を組み込む。

## ＜サステナビリティ情報の開示例＞

　有価証券報告書（有報）では、サステナビリティ情報を「ガバナンス」「戦略」「リスク管理」「指標と目標」の4つの枠組みで記載する必要がある。以下は人的資本の開示例を示している。

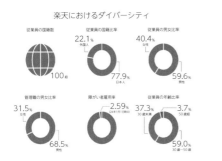

出典：左は楽天グループ株式会社「有価証券報告書」（2023年度）、17ページ、https://corp.rakuten.co.jp/investors/documents/asr.html、右はLINEヤフー株式会社「有価証券報告書」（2023年度）、31ページ、https://www.lycorp.co.jp/ja/ir/library/securities.html（いずれも2024年11月20日閲覧）。

---

**Memo　サステナビリティ情報開示は歴史的な転換期にある**

　企業が非財務情報を開示するようになったのは1990年代初頭からです。大企業の一部が自発的に環境報告書の公表を行ったのを契機に発展したため、企業がサステナビリティ情報開示にあたり作成する報告書にはさまざまな名称が付されています。例えば、サステナビリティ・レポート、サステナビリティ報告書、統合報告書、CSRレポートといったものです。

　投資家を中心とするステークホルダーから、企業のサステナビリティに対する活動や取組を評価する傾向が強まり、サステナビリティ情報開示に一定のルールや規則を設ける動きが国内外で進んでいます。

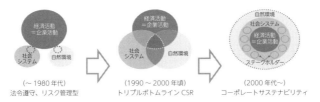

出典：田原英俊（PwCグループ）（2022）「サステナビリティ情報開示の動向」『PwC'sView』Vol. 38(5月)、6-10ページをもとに筆者加筆。

# 第1部付録　応用問題

## ＜応用問題1＞

次の図表は、キヤノン株式会社の連結キャッシュ・フロー（2019～2024P年度）を示している。図表の情報を参考にして、次の問1、問2に答えなさい。※2024P年度とは、2024年度見通しを示す。

問1　図表のデータにもとづき、各年度（2019～2024P年度）のフリーCFを算定し、表にまとめなさい。

問2　図表の情報および問1で算定したフリーCFを用いて何がよみとれるかを分析し、考察しなさい。

図表1

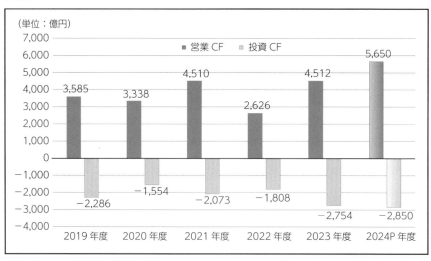

出典：キヤノン株式会社「投資家情報」（2024年10月24日更新）、https://global.canon/ja/ir/finance/cash-flows.html（2024年11月10日閲覧）をもとに筆者作成。

## <応用問題2>

次の図表は、富士通株式会社の有価証券報告書(2023年度)の情報などをもとに作成したものである。図表の情報を参考にして、次の問1、問2に答えなさい。

問1　図表を参考に、各年度(2019～2023年度)のサステナブル成長率を算定しなさい。

問2　図表の情報および問1で算定したサステナブル成長率を用いて、収益性、成長性の観点から同社の経営状況を分析し、考察しなさい。

図表2-1

(単位：%)

| 年度 | 2019 | 2020 | 2021 | 2022 | 2023 |
|---|---|---|---|---|---|
| 配当性向 | 20.0 | 25.3 | 21.6 | 26.0 | 21.8 |
| ROE | 21.4 | 16.3 | 18.8 | 16.1 | 19.6 |

図表2-2

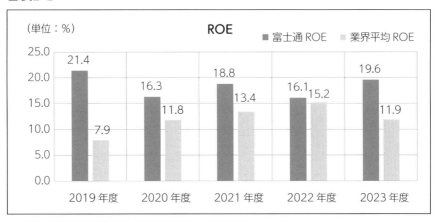

出典：富士通株式会社「有価証券報告書」(2023年度)、https://pr.fujitsu.com/jp/ir/secreports/2024/pdf/02.pdf (2025年2月20日閲覧)、株式会社日本政策投資銀行設備投資研究所編集(2025)『2024年版　産業別財務データハンドブック』株式会社日本経済研究所発行、210ページをもとに筆者作成。

## ＜応用問題3＞

　次の図表は、トヨタ自動車株式会社の有価証券報告書（2023年度）で示された財務諸表（個別）の情報をもとに作成したものである。図表の情報を参考にして、次の問1、問2に答えなさい。

問1　図表を参考に、各年度（2019～2023年度）の①売上高営業利益率、②総資産成長率、③流動比率、④自己資本比率をそれぞれ算定しなさい。総資産成長率の算定にあたり、基準年度は2019年度とする。

問2　図表および問1で算定された売上高営業利益率、総資産成長率、流動比率、自己資本比率を用いて、収益性、成長性、安全性の観点から同社の経営状況を分析し、考察しなさい。

図表3　トヨタ自動車の財務情報

（単位：百万円）

| 年度 | 2019 | 2020 | 2021 | 2022 | 2023 |
|---|---|---|---|---|---|
| 売上高 | 12,729,731 | 11,761,405 | 12,607,858 | 14,076,956 | 17,575,593 |
| 営業利益 | 978,804 | 699,373 | 1,129,689 | 1,670,484 | 3,094,495 |
| 流動資産 | 6,469,859 | 8,819,286 | 8,340,434 | 9,646,496 | 14,102,360 |
| 流動負債 | 4,065,018 | 5,702,195 | 4,798,256 | 5,277,108 | 5,719,362 |
| 純資産 | 12,590,891 | 13,894,021 | 14,607,272 | 16,493,041 | 20,440,081 |
| 総資産 | 17,809,246 | 21,198,281 | 20,991,040 | 23,230,320 | 28,161,955 |

出典：トヨタ自動車株式会社「有価証券報告書・半期報告書」（2019～2023年度）、https://global.toyota/jp/ir/library/securities-report/（2025年2月27日閲覧）をもとに筆者作成。

## ＜応用問題4（総合問題）＞

次の図表は、2014年と2023年における日本の自動車メーカーの年間販売台数シェア（四輪）とシェアのメーカー順位を示している。次の問1、問2、問3に答えなさい。

※上位4社の自動車メーカー名略称（カッコ内）表記：トヨタ自動車株式会社（トヨタ）、スズキ株式会社（スズキ）、本田技研工業株式会社（ホンダ）、日産自動車株式会社（日産）

問1　スズキ、ホンダ、日産の財務諸表（個別）をもとに、①売上高営業利益率、②総資産成長率、③流動比率、④自己資本比率をそれぞれ算定し、表にまとめなさい。総資産成長率の算定にあたり基準年度は2019年度とし、すべての比率算定に必要な情報を各社の有価証券報告書（2019〜2023年度）から各自で入手すること。

問2　問1で算定された各社の比率の情報を用いて、3社（スズキ、ホンダ、日産）の収益性、成長性、安全性の観点から、会社ごとに経営状況を分析し、考察しなさい。

問3　問2および応用問題3で導かれた自動車メーカー各社に対する考察結果を踏まえ、日本の自動車業界について総合的に分析しなさい。総合的な分析には、有価証券報告書に記述されている財務情報以外にも着目する、日本の自動車業界を取り巻く環境変化を理解する、今後の改善点や期待される点を予測するなどが含まれる。

図表4　年間販売台数シェア（四輪）の推移

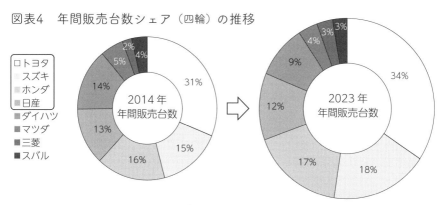

出典：一般社団法人日本自動車工業会「販売台数統計（四輪）」、https://jamaserv.jama.or.jp/newdb/sales4/sales4TsMkEntry.html（2025年2月27日閲覧）をもとに筆者作成。

# 第2部
# 会計情報を形づくる
## ～財務諸表を作成する～

# レッスン5

## 取引をどのように記録するのか

# 第14章 記録方法を学ぶ必要性

## ① 企業の活動と簿記

- 企業の主たる活動は**財務活動**、**投資活動**、**営業活動**に分類され、3つの活動は循環する（資金のサイクル）。
- 株主に事業の状況を報告するためには、日々の取引記録をもとに財務諸表を作成する必要がある。
- 日々の取引を記録し、報告書類にまとめる手続きは、**簿記**（bookkeeping）とよぶ。

### ココがポイント

- 企業が銀行などから資金を借りたり、広く募って出資者（株主）から企業に資金を出してもらったり、経営活動に必要な資金を調達する活動は、**財務活動**という。
- 調達した資金で、商品を売るために店舗用土地や輸送用車両を入手したり、資金を増やす目的で株式を購入したりするなど、企業の経営活動に役立てる活動を**投資活動**という。
- 商品と引き換えに消費者から代金を受け取ったり、商品の販売員に給料を支払ったり、利益（もうけ）を得るための活動を**営業活動**という。
- 企業が営業活動で得た利益は、将来の資金源となり、3つの活動は循環する。

**企業活動と資金のサイクル**

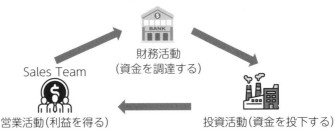

- 株式会社は、株主に会社の現状を報告するために財務諸表を作成しなければならない。
- 財務諸表では、財政状態、経営成績、キャッシュ・フローの状況を報告する。
- 財政状態（資金調達や資金の活用に関する情報）は貸借対照表で表し、1年間の経営成績（利益計算に関する情報）は損益計算書で表し、キャッシュ・フローの状況（キャッシュの増減に関する情報）はキャッシュ・フロー計算書で表す。
- 財務諸表は、日々の取引の記録をもとに作成する。
- 日々の取引を帳簿に記録し、報告書類にまとめる手続きを簿記とよび、企業活動の記録には**複式簿記**（double-entry bookkeeping）が用いられる。

貸借対照表　　損益計算書　　キャッシュ・フロー計算書

## Memo

### 簿記の始まり

　複式簿記は13世紀初めのイタリアで、商人が取引を記録するために生み出されたものです。当時は、今のような利益の計算としてではなく、債権や債務を忘れないように記録するということが大きな役割でした。その後、会社の発展につれて簿記も発展し、19世紀になって損益計算書や貸借対照表が作成されるようになったとされます。

　世界最古の簿記書は1494年にルカ・パチョーリによって出版された『スンマ』とされ、数学書の一部に簿記に関する記述があります。

出典：渡邉泉（2008）『歴史から学ぶ会計』、同文舘出版。

# 第14章　記録方法を学ぶ必要性

レッスン5

## ② 簿記の目的

理解したら
Check!!

- 簿記の目的は、企業活動の記録を行い、最終的に貸借対照表と損益計算書を作成し、報告することである。 □

- 簿記には5つの要素（資産、負債、純資産、収益、費用）があり、必ず貸借対照表と損益計算書のどちらかに含まれる。 □

- 期間（通常1年）を区切ることで**期間損益計算**を行うことができ、年度比較の分析が実施できる。 □

## ココがポイント POINT

- 簿記の目的は、**帳簿**とよばれる記録帳に日々の取引を記録し、最終的に財務諸表である貸借対照表と損益計算書に集約して報告することである。

- 貸借対照表は、「今どのような状態であるか」を表すためのストック情報を提供し、**資産、負債、純資産**の要素を含む。

- 損益計算書は、「どのような活動を行ったか」を表すためのフロー情報を提供し、**収益、費用**の要素を含む。

- 簿記で記録する取引は、必ず5つの要素（資産、負債、純資産、収益、費用）のいずれかに分類し、最終的に貸借対照表と損益計算書のどちらかで報告される。

- 財務諸表の情報は、①**内部の利害関係者**（企業の経営者、その他企業内部で関わっている人たち）と②**外部の利害関係者**（株主、取引先の相手、銀行、投資家、国など）がそれぞれの目的に沿って活用し、さまざまな意思決定に役立てることになる。

- 取引がどのように5要素に区分され、どのような経過をたどって財務諸表が導かれるのか（簿記の一連の流れ）を知ることは、財務諸表の情報をより深く理解することに役立つ。

106

- 財務諸表は、定期的に区切られた期間で作成する必要があり、通常は、1年を会計期間として作成し、特に今年度の会計期間は、「**当期**」とよぶ。
- 期間を区切ることで、**期間損益計算**を行うことが可能になり、前年度との比較（成長性の分析）が行えるようになる。→成長性の分析については第7章②と第8章③参照

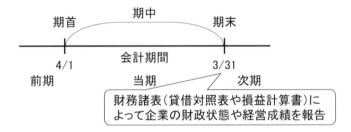

## Memo

### 財務三表の始まり

簿記で記録される情報は、すべて貸借対照表か損益計算書に関連します。簿記は会社の発達とともに中世ヨーロッパで発展したとされ、発展の過程で貸借対照表と損益計算書が作成されるようになっています。一方、キャッシュ・フロー計算書は、欧米で1980年代後半以降、日本では、2000年以降に作成が義務づけられるようになった新しい計算書です。

損益計算書、貸借対照表、キャッシュ・フロー計算書はまとめて財務三表とよぶことがありますが、それは比較的最近のことなのです。

# 第14章　記録方法を学ぶ必要性

## ③ 貸借対照表と損益計算書

- 3つの要素で構成される貸借対照表は、資金の調達源泉とその使い道が示され、**財政状態**（financial position）を表す。
- 2つの要素で構成される損益計算書は、もうけの要因ともうけの犠牲が示され、**経営成績**（performance）を表す。
- 貸借対照表と損益計算書は、それぞれで利益の計算が可能であるが、利益の内訳が示されるのは、損益計算書である。

### ココがポイント

（1）貸借対照表（B/S：Balance Sheet）

- 簿記の記録によって作成された貸借対照表は、3つの要素（資産、負債、純資産）で構成され、3つの要素の関係は、**資産＝負債＋純資産**で表すことができる。

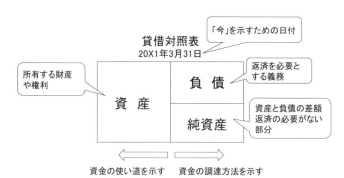

- 純資産は、資産から負債を差し引いて算定される純粋な財産であり、純粋な財産が増えればその企業がもうかっている（利益が出ている）ことを意味する。
- 逆に、純粋な財産が減ると損を出していることを意味する。

- 2つの時点の純資産を比較すると利益や損失の算定を行うことができるが、なぜ利益や損失が出たのかに関する詳しい要因を知ることはできない。

$$期末純資産 - 期首純資産 = 当期純損益$$

(2) 損益計算書（P/L：Profit and Loss Statement）
- 簿記の記録によって作成された損益計算書は、2つの要素（収益、費用）で構成される。

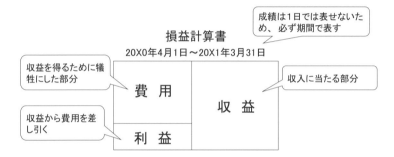

- 商品の販売やサービスの提供による対価から犠牲にした金額を引き算すると、利益（もうけ）が算定できる。
- 実際の損益計算書では、勘定科目を分類し、段階的に利益を算定することで、利益の発生要因を明らかにする。→第3章②参照

$$収益 - 費用 = 当期純損益$$

- 貸借対照表で算定した利益の金額と損益計算書で算定した利益の金額は一致する。

# 第14章 記録方法を学ぶ必要性

## ④ 財務諸表のつながり

- それぞれの財務諸表で表される会計情報は、相互につながっている。

- 第14章③で貸借対照表と損益計算書で算定する利益が一致することを示した。

### EXAMPLE

次の貸借対照表と損益計算書から当期純利益を計算しましょう。なお、期首の純資産は30,000円とします。

貸 借 対 照 表
20X2年3月31日

| 資　　産 | 金　　額 | 負債及び資産 | 金　　額 |
|---|---|---|---|
| 現 金 預 金 | 25,000 | 借　入　金 | 20,000 |
| 土　　　地 | 25,000 | 資　本　金 | 30,000 |
| 貸　付　金 | 2,000 | 繰越利益剰余金 | 2,000 |
|  | 52,000 |  | 52,000 |

損 益 計 算 書
20X1年4月1日から20X2年3月31日まで

| 費　　用 | 金　　額 | 収　　益 | 金　　額 |
|---|---|---|---|
| 売 上 原 価 | 5,000 | 売　上　高 | 10,000 |
| 給　　料 | 3,000 |  |  |
| 当 期 純 利 益 | 2,000 |  |  |
|  | 10,000 |  | 10,000 |

期末純資産（　　）－期首純資産（　　）＝当期純利益（　　）
収益総額　（　　）－費用総額（　　）＝当期純利益（　　）

【解答】　期末純資産 32,000 円－期首純資産 30,000 円＝当期純利益 2,000 円
　　　　　収益総額 10,000 円－費用総額 8,000 円＝当期純利益 2,000 円

- 厳密には、損益計算書の「配当金を除く当期純利益」は、貸借対照表の「純資産（繰越利益剰余金）」の増加分と一致する（損益計算書と貸借対照表のつながり）。
- 貸借対照表と損益計算書は、それぞれキャッシュ・フロー計算書ともつながりがある。
- 貸借対照表の「現金及び預金」は、キャッシュ・フロー計算書の「現金及び現金同等物の期末残高」とつながる（貸借対照表とキャッシュ・フロー計算書のつながり）（厳密には現金及び預金と現金及び現金同等物は同じではない）。
  → 現金及び現金同等物については第3章④参照
- 損益計算書で算定した「税引前当期純利益」は、キャッシュ・フロー計算書（間接法による場合）の営業活動によるキャッシュ・フローのスタートラインとなる（損益計算書とキャッシュ・フロー計算書のつながり）。

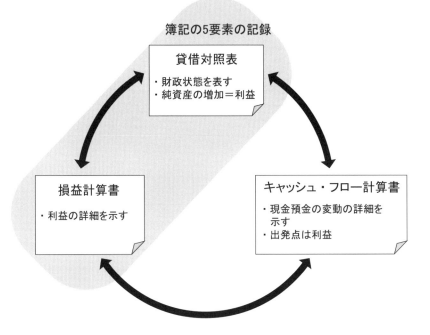

＜財務諸表のつながり＞

---

# 第15章 取引の記録の概要

## ① 取引の記録

理解したら
Check!!

- 簿記で扱う**取引**（transaction）は、一般にイメージされる契約などの取引とは異なるものである。 □
- 取引を記録する際は、**日付、勘定科目、金額**を記録する。 □
- 簿記では、金銭の増減を左右に分けて示し、左右はそれぞれ**借方、貸方**とよぶ。 □

### ココが**ポイント**
# POINT

- 簿記では、資産・負債・純資産・収益・費用に増減を生じさせることがらを**取引**といい、一般でいう取引と異なる部分がある。
- 記録した取引は最終的に財務諸表に集約するが、取引で記録するのは、「いつ？何が？何円？」に関するものであり、決められた記録方法で「どうなった？」を明らかにする。
- したがって、取引の記録を把握するためには、記録のルールを理解する必要がある。

### ＜取引で記録される内容＞

| 日付 | 取引のあった日付 |
|------|------------------|
| 勘定科目 | 具体的な項目（現金、建物、借入金、売上、給料など） |
| 金額 | 取引した金額 |

⇒項目の増減は、記録のルールに従って表す。

- 勘定とは、簿記で資産・負債・純資産・収益・費用の増減や発生を記録・計算するための単位のことである。

- 通常、金銭の増減は、プラスマイナスで表すため、「商品を売ってお金を受け取った。」「建物を購入してお金を支払った。」という場合、お金が増えてプラス（＋）になった、もしくは減ってマイナス（－）になったとイメージする。
- 簿記では、金銭の増減をプラスマイナスではなく、左右に書き分けて表し、現金の場合は、増加を左、減少を右に記録すると同時に、その原因となる項目の増減（上記の例の場合は売上や建物の増加）も左右に書き分けて表す。
- このように、簿記では、すべての勘定科目で増減を左右に分けて示すが、勘定科目が簿記のどの要素に含まれるかで、左右の書き分けのルールは異なる。→書き分けのルールは第15章②③参照
- 記録する際、左側は「**借方**（かりかた）」、右側は「**貸方**（かしかた）」とよばれる。

> **Memo**
>
> ### 借方と貸方
>
> 借方と貸方は、企業の取引をコード化し、簿記で記録するために使用される分類方法です。英語で簿記を行う場合も、勘定科目の増減は左右で記録され、左はDebit（デビット、借方）、右はCredit（クレジット、貸方）として増減を表します。
>
> 簿記は、明治時代にアメリカから伝わりました。日本で借方、貸方という用語が使われるのは、複式簿記の書物を翻訳する際、福沢諭吉がDebitを「借方」、Creditを「貸方」と翻訳したのが由来とされています。
>
>

# 第15章 取引の記録の概要

## ② 取引記録のルール（資産、負債、純資産）

- 資産の増加は借方、負債と純資産の増加は貸方に記録する。
- 資産の減少は貸方、負債と純資産の減少は借方に記録する。
- 1つの勘定科目の借方合計と貸方合計の差額は**残高**（balance）とよび、残高は、当該科目の増加側に現れる。

**ココがポイント POINT**

- 貸借対照表の簡略図（本ページ下図）を確認すると、資産は左側（借方）、負債と純資産は右側（貸方）に表示されており、この位置が記録方法の基礎となる。
- 資産、負債、純資産の取引記録は、資産項目が増えると左側に記録、負債と純資産の項目が増えると右側に記録する。
- 逆にそれぞれの項目が減少する場合、資産は右側、負債と純資産は左側に記録する。

<取引記録のルール（資産、負債、純資産）>

簡略図の位置＝項目の増加のルール
資産は左＝資産項目の増加は左に書く

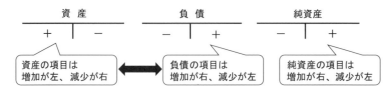

# EXAMPLE

　資産の項目である現金を例に考えてみましょう。現金が100円増え、その後、現金が70円減る取引があった場合、ルールに従って、現金勘定の左側に100円、右側に70円を記入します。この場合、最終的に現金は何円になりますか。

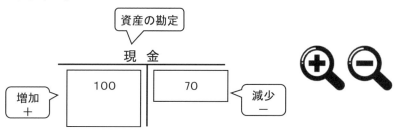

　残った金額は30円となり、これを**残高**といいます。残高は、その項目の増加側に現れます。

> **Memo**
>
>
>
> ## T勘定
>
> 　簿記では各勘定を示すためにT字型の図を使うことがよくあります。これは、T勘定とよび、総勘定元帳を簡略化したものです。T勘定を使うと、どの項目がいくら増減したのか、残高がいくらあるのかを簡単に確認することができます。
> →総勘定元帳については第15章⑤、第2部付録参照
>
>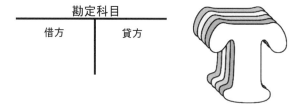

# 第15章　取引の記録の概要

## ③ 取引記録のルール（収益、費用）

- 費用の発生は借方、収益の発生は貸方に記録する。
- 費用の消滅は貸方、収益の消滅は借方に記録する。
- 簿記で記録するすべての取引は、必ず5つの要素のどれかの増減に当てはまり、5要素の把握が財務諸表を理解する際にも重要となる。

### ココがポイント

- 損益計算書の簡略図（本ページ下図）を確認すると、費用は左側（借方）、収益は右側（貸方）に表示されており、この位置が記録方法の基礎となる。
- 費用、収益の取引記録は、費用項目が発生すると左側に記録、収益項目が発生すると右側に記録する。
- 逆にそれぞれの項目が消滅する場合、費用は右側、収益は左側に記録する。

<取引記録のルール（収益、費用）>

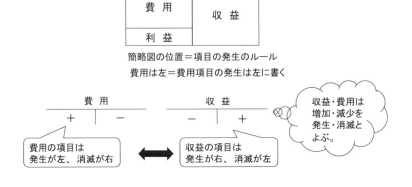

## EXAMPLE

収益の項目である売上について、商品を500円で販売したとすれば、どのような記録となるでしょうか。

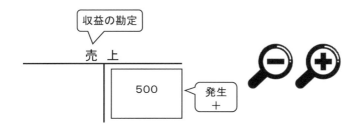

この場合、売上が500円発生するので、ルールに従って売上勘定の右側に500円を記入します。収益の残高は、必ず右側に現れます。

- 第14章③④で取り上げたように、利益は純資産（繰越利益剰余金）の増加となる。
- そのため、純資産の増加（貸方）をもたらす収益の発生は右側（貸方）、純資産の減少（借方）をもたらす費用の発生は左側（借方）に記録する。
- 企業活動で行われる取引は、報告する書類が異なるものであってもつながりがある。

### 理解を深めよう

資産、負債、純資産、収益、費用の5要素には定義があります。収益と費用の定義を簡潔に示すと次のようになります。

| 収益 | 利益を増加させる項目で、資産の増加や負債の減少を伴う |
|---|---|
| 費用 | 利益を減少させる項目で、資産の減少や負債の増加を伴う |

収益の発生を記録すると、利益が増え、利益の計上は純資産を増加させます。すなわち、それは同時に資産の増加や負債の減少を伴っていることになります。なぜなら、資産＝負債＋純資産の関係が常に成り立っているためです。

※定義の詳細は、企業会計基準委員会（2006a）を参考にすること。

═══ 第15章　取引の記録の概要 ═══

## ④ 仕訳と転記

理解したら
Check!!

- 仕訳（journal entry）は、取引を日付順に勘定科目と金額を使って簡潔に示す記録方法である。 □
- 転記（posting）は、仕訳にもとづいて勘定口座に記入する処理であり、勘定口座を見れば科目ごとの残高が算定できる。 □

### ココがポイント
## POINT

- 簿記では、取引を日付順に**仕訳**とよばれる方法で記録する。
- 仕訳は、日付、勘定科目、金額で取引を示し、その増減は借方と貸方に分けて示す。
- 仕訳を用いた記録方法のメリットは、取引の内容を簡潔に示すことである。

### EXAMPLE

　以下は、ある取引を仕訳で示したものです。これはどのような取引を示しているのでしょうか。第15章①の「いつ？何が？何円？どうなった？」の説明をもとに確認しましょう。

4/1　（借）仕入　　200　　　　（貸）現金　　200

　この取引は4/1に行われたものであるとわかります。次に、左側（借方）に記載されている仕入が費用の項目であるということがわかれば、仕入という費用が200円発生したと読み取ることができます。同時に現金という資産の項目が右側に記載されていることから、現金という資産が200円減少したとわかります。

　これらを総合すると、「ある企業が4/1に商品を200円で仕入れて現金で支払った」という取引内容を導き出すことができます。

118

### <仕訳の手順>

①日付と取引の内容を把握する。
②増減した勘定科目を選ぶ（必ず２つ以上の科目を使う）。
③それぞれの勘定科目について増減した金額を計算（決定）する。
④それぞれの勘定科目を５要素の増減のルールに従って借方または貸方に記入する。
ポイント：仕訳の借方金額合計と貸方金額合計は必ず一致する

- 仕訳は、日付順に取引を記録することから、１日に数えきれないほどの取引がある場合、何がどれくらいあるかはすぐに把握できないため、**転記**（科目ごとの集計）を行う。
- 転記（勘定記入）は、仕訳で使用した科目の勘定口座に金額を記載（借方項目の場合は借方に記載）し、同時に日付と相手勘定科目も記載する。

### <転記（勘定記入）の手順>

①仕訳の借方の科目・貸方の科目を確認する。
②該当する科目の勘定口座を確認する（仕訳に出てきた科目すべて）。
③仕訳の借方に記入した科目はその勘定口座の借方に、貸方に記入した科目はその勘定口座の貸方に記入する。

【取　引】4月1日に現金100円を借りた。

仕訳をした借方の金額を該当の勘定口座の借方へ、貸方の金額を該当の勘定口座の貸方へ記入する。その際、日付・相手勘定科目・金額を記入する。

# 第15章 取引の記録の概要

## ⑤ 記録の集計（試算表）

理解したら
Check!!

- 仕訳は**仕訳帳**（journal）に記録し、転記は**総勘定元帳**（ledger）に記録する。
- 取引は**試算表**（trial balance）に集計し、試算表に記載された各項目の残高をもとに貸借対照表と損益計算書を作成する。

### ココがポイント

- すべての取引は日付順に仕訳をし、転記（勘定記入）を行って科目ごとの残高を把握する。
- 仕訳は**仕訳帳**とよばれる帳簿に記載し、転記（勘定記入）は**総勘定元帳（元帳）**とよばれる帳簿に記載する。これら2つの帳簿はあわせて**主要簿**とよぶ。→主要簿の例については第2部付録参照

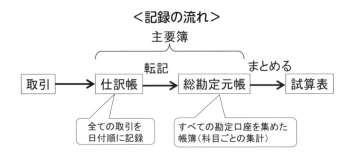

<記録の流れ>

### <試算表の種類>

残高試算表…各勘定の残高をまとめたもので、決算整理前残高試算表（決算整理直前の残高試算表）、決算整理後残高試算表（決算整理直後の残高試算表）などのさまざまな時点で作成される

合計試算表…各勘定の借方合計と貸方合計をまとめたもの

合計残高試算表…残高試算表と合計試算表をひとまとめにしたもの

## ＜会計のサイクル＞

**外部に公表**

財務諸表 → 取引 → 仕訳 → 元帳 → 試算表 → 財務諸表

- 日常的な取引の記録は、定期的に全体像を把握する必要があり、集計表は**試算表**とよぶ。
- 試算表は、各勘定科目の記録を一覧表にしたもので、外部報告目的の書類ではなく、科目の一覧を表すと同時に、これまでの仕訳や転記が間違いなく行われているかをチェックする機能も有す。
- 試算表は、どの時点でも作成することが可能だが、決算で財務諸表（貸借対照表と損益計算書）を作成する際にも用いられる。
- 各勘定科目の残高だけを記載する試算表は、**残高試算表**という。→試算表の例については第 2 部付録参照

# 第15章 取引の記録の概要

## ⑥ さまざまな帳簿

- 必ず作成しなければならない主要簿に対して、必要に応じて取引の内訳や明細を明らかにする帳簿は、**補助簿**とよぶ。

### ココが**ポイント** POINT

- 貸借対照表と損益計算書は、株式会社であれば株主への報告を目的として作成する書類である。
- 貸借対照表や損益計算書は、いきなり作成するのではなく、まずは日々の取引を仕訳帳と総勘定元帳に記録し、記録量が膨大になると、「自社が今どのような状況か」が把握しにくくなるため、一目で状況がわかるよう定期的に表にまとめ（試算表）、決算の後に貸借対照表と損益計算書を作成する。
- 上記の簿記の一連の流れの中で、**補助簿**は、必要に応じて取引の詳細を管理するために作成する。

＜補助簿の位置づけ＞

- 補助簿には次のような種類がある。→補助簿の例については第2部付録参照

| 現金出納帳 | 現金に関する取引の詳細を記録する帳簿 |
|---|---|
| 当座預金出納帳 | 当座預金に関する取引の詳細を記録する帳簿 |
| 仕入帳・売上帳 | 仕入や売上に関する取引の詳細を記録する帳簿 |
| 受取手形記入帳・支払手形記入帳 | 受取手形や支払手形を用いた取引の詳細を記録する帳簿 |
| 商品有高帳 | 商品の種類ごとに原価で受入や払出を管理し、残高を把握するための帳簿 |
| 小口現金出納帳 | 小口現金（少額の支払用に準備する現金）の支払に関する詳細を記録する帳簿 |

## Column
### 会計に関する検定試験に挑戦してみよう

　本書の第2部で学習する企業活動の記録、主要簿や補助簿の作成、決算の手続き、財務諸表の作成は、簿記がベースになっています。簿記を学ぶ人の中には、日商簿記検定試験に挑戦する人が多くいます。最も受験者の多い3級は、300,000人超（対面試験とネット試験の受験者数の合計）が2023年度に挑戦しています。

　第1部で学習した経営分析は、ビジネス会計検定に通じます。ビジネス会計検定は、企業で働く人が多く挑戦している資格です。会計の学習は、リスキリング（学びなおし）でもよく取り上げられ、注目度の高い学習分野といえるでしょう。

出典：日本商工会議所・各地商工会議所「簿記　受験者データ」、https://www.kentei.ne.jp/bookkeeping/candidate-data、大阪商工会議所・施行商工会議所「ビジネス会計検定試験　試験結果・受験者データ」、https://www.b-accounting.jp/about/data.html（いずれも2025年2月23日閲覧）。

# 第16章 取引の記録と貸借対照表への影響

## ① 資産が増減する取引

- 資産の増加は、物理的な財産の増加だけでなく、権利の発生も含まれ、借方に記録する。
- 資産の減少は、物理的な財産の減少だけでなく、権利の消滅も含まれ、貸方に記録する。
- 貸借対照表の資産は、各科目の残高を一覧にしたものである。

### ココがポイント

(1) 資産が増える企業の活動

- 企業活動の中心となる営業活動に関連する資産の増加には、次のようなものがある。
  代金の受取(現金や預金)/商品の代金を後で受け取る権利(売掛金や電子記録債権)/商品を後で受け取る権利(前払金)

- 企業拡大のために行われる投資活動に関連する資産の増加には、次のようなものがある。
  有形固定資産(建物、機械、車両、土地、備品など)の取得/無形固定資産(特許権、商標権、ソフトウェアなど)の取得、他の会社の株式(有価証券)の取得/固定資産や有価証券を売却し、受け取った現金や預金・後から金銭を受け取る権利(未収金)/有価証券の値上がり→有価証券の評価は第17章②のMemo参照/M&Aにより算出されたのれん→M&Aは第23章参照

- 財務活動による資金調達に関連する資産の増加には、次のようなものがある。
  銀行からの借金や社債発行による資金の受取(現金や預金)/株式発行による資金の受取(現金や預金)

**資産が増加した場合の処理**

| (借方)資産の項目 ×× | (貸方)○○ ×× |
| --- | --- |

資産の項目が増加する➡仕訳では左側に記録

(2) 資産が減る企業の活動
- 営業活動に関連する資産の減少には、次のようなものがある。
商品の購入代金（現金や預金）/商品の代金を受け取ることによる権利の消滅（売掛金や電子記録債権）/商品を受け取ることによる権利の消滅（前払金）
- 投資活動に関連する資産の減少には、次のようなものがある。
固定資産や有価証券の取得による支払（現金や預金）/固定資産や有価証券の売却による当該資産の減少/金銭を受け取る権利の消滅（未収金）/固定資産の減損や有価証券の値下がりによる当該資産の減少→減損と有価証券の評価は第17章②のMemo参照
- 財務活動に関連する資産の減少には、次のようなものがある。
借金の返済や社債の償還による支払（現金や預金）

**資産が減少した場合の処理**

（借方）〇〇　　××　　（貸方）資産の項目　　××
資産の項目が減少する➡仕訳では右側に記録

- 資産の増加と減少は取引ごとに記録するが、残高（最終的に残った部分）が貸借対照表に記載され、通常、資産がマイナスになることはないため、残高は借方に現れる。

**＜有価証券の種類＞**

| 売買目的有価証券 | 時価の変動により利益を得ることを目的➡価値変動を把握 |
|---|---|
| 満期保有目的の債券 | 満期まで所有する意図を持って保有 |
| 子会社・関連会社株式 | 会社が保有する子会社や関連会社の株式 |
| その他有価証券 | 上記の3つ以外（持ち合い株式など）➡価値変動を把握 |

## Memo　現金はたくさん持つべき？

業界や企業によって現金の保有率は異なります。現金をたくさん持つことはよいことなのでしょうか。現金が多いと安全性（第8章①参照）が高まるといったメリットもありますが、同時に将来に向けての投資に消極的とも読み取れます。

経営分析の際は、それぞれの企業の現状をきちんと把握する必要があります。

# 第16章 取引の記録と貸借対照表への影響

## ② 負債が増減する取引

- 負債の増加は、返済の必要な資金調達や将来の支払義務により生じ、貸方に記録する。
- 負債は、支払義務が消滅した時点で減少し、借方に記録する。
- 貸借対照表の負債は、各科目の残高を一覧にしたものである。

(1) 負債が増える企業の活動

- 企業活動の中心となる営業活動に関連する負債の増加には、次のようなものがある。
 商品の仕入による代金の後払い（買掛金や電子記録債務）/商品を後で引き渡す義務（前受金）
- 企業拡大のために行われる投資活動に関連する負債の増加には、次のようなものがある。
 固定資産や有価証券を取得し、金銭を後から支払う義務（未払金）/有形固定資産を取得したことによる将来の処分義務（資産除去債務）
- 財務活動による資金調達に関連する負債の増加には、次のようなものがある。
 銀行からの借入（借入金）/社債の発行
- 借入金や社債は、利息の支払を伴うため、**有利子負債**とよぶ。
- 原因が当期以前に生じている将来の支出は、**引当金**として負債に計上する（賞与引当金、退職給付引当金、修繕引当金、製品保証引当金など）。

負債が増加した場合の処理

| （借方）〇〇 | ×× | （貸方）負債の項目 | ×× |

負債の項目が増加する➡仕訳では右側に記録

(2) 負債が減る企業の活動
- 営業活動に関連する負債の減少には、次のようなものがある。
商品代金を支払うことによる義務の消滅（買掛金や電子記録債務）/商品を引き渡すことによる義務の消滅（前受金）
- 投資活動に関連する負債の減少には、次のようなものがある。
金銭を支払ったことによる支払義務の消滅（未払金）
- 財務活動に関連する負債の減少には、次のようなものがある。
金銭の返済による支払義務の消滅（借入金や社債）
- 引当金は、支払いが行われると減少する。

**負債が減少した場合の処理**

（借方）　負債の項目　××　（貸方）　〇〇　××

**負債の項目が減少する ➡ 仕訳では左側に記録**

- 負債の増減は取引ごとに記録し、残高（最終的に残った部分）が貸借対照表に記載され、通常、負債の残高は貸方に現れる。

## Memo

### 無借金経営とは？

　無借金経営とは、銀行などからの融資を受けていないことを指します。ただし、これは負債がないことと同じではありません。無借金経営の企業は、有利子負債（利息の支払を伴う負債）を抱えていない企業のことを指すため、負債がゼロということは基本的にありません。

　日本では、銀行からの借金に対してよくないイメージを持つ人が多く、無借金経営といわれるとよいイメージを持つ傾向がありますが、アメリカでは、借金をすることで企業の成長性や収益性を高める投資を行えるため、重視する傾向があります。

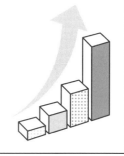

# 第16章　取引の記録と貸借対照表への影響

## ③ 純資産が増減する取引

- 資本金は、株主からの出資によって増加し、貸方に記録する。
- 利益や損失の計上は純資産の増減をもたらす。
- 剰余金は、株主総会の決議により配当や処分によって減少する。

### ココがポイント

(1) 純資産が増える企業の活動
- 財務活動による資金調達では、次のような純資産が増加する。
 株式の発行や増資による株主からの出資金（資本金）/出資金のうち、資本金に含まれない部分（資本剰余金）
- 企業活動によって生じた利益の計上は、純資産（利益剰余金）の増加の要因となる。

**純資産が増加した場合の処理**

| （借方） | ○○ | ×× | （貸方） | 純資産の項目 | ×× |

純資産の項目が増加する➡仕訳では右側に記録

(2) 純資産が減る企業の活動
- 財務活動の結果、減資を行うと純資産（資本金）が減少する。
- 企業活動によって生じた損失の計上は、純資産（利益剰余金）の減少の要因となる。
- 株式会社では、株主総会で剰余金の配当や処分に関する決定を行うと、資本剰余金や利益剰余金が減少する。

**純資産が減少した場合の処理**

| （借方） | 純資産の項目 | ×× | （貸方） | ○○ | ×× |

純資産の項目が減少する➡仕訳では左側に記録

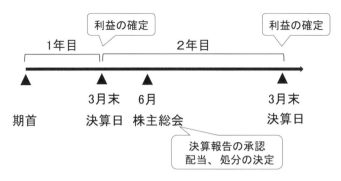

- 株主への**配当**（dividends）は、資産の社外流出であり、業績が良好であると業績に連動して配当を増加させる傾向がある。
- 株主への配当を行いすぎてしまうと、銀行をはじめとした債権者が不利になってしまうため、会社法の規定によって剰余金の一部を積み立てることが求められる（**剰余金の処分**）。
- 利益剰余金の１項目である利益準備金は、会社法の規定によって設定される留保利益であり、任意積立金は、企業が自主的に設定する留保利益である。
- 株主への配当と利益準備金や任意積立金を積み立てた後の利益の残高は、繰越利益剰余金にそのまま残る（社内留保）。

### ＜純資産の部（株主資本）の構造＞

| 純資産 | |
|---|---|
| 　資本金 | ××× |
| 　資本剰余金 | |
| 　　資本準備金 | ××× |
| 　利益剰余金 | |
| 　　利益準備金 | ××× |
| 　　任意積立金 | ××× |
| 　　繰越利益剰余金 | ××× |

# 第17章 取引の記録と損益計算書への影響

## ① 収益が発生する取引

- 収益の発生は、利益を増加させる要因であり、同時に純資産を増加させる要因となる。
- 収益の発生は、貸方に記録する。

- 営業活動の結果として発生する収益は、商品の販売やサービスの提供によるものであり、**売上**が計上される。
- 本業とは別に、経常的に次のような収益が発生する（**営業外収益**）。
  貸付、株式の保有により受け取る利息（受取利息）/株式の保有により受け取る配当金（受取配当金）/株式の保有による値上がり（有価証券評価益）/為替の変動により発生するもうけ（為替差益）/売買目的の株式の売却によるもうけ（有価証券売却益）
- 本業とは別に一時的、臨時的に次のような収益が発生する（**特別利益**）。
  固定資産の売却によるもうけ（固定資産売却益）/長期間保有している株式の売却によるもうけ（投資有価証券売却益）

**収益が発生した場合の処理**

| （借方） 〇〇 ×× | （貸方） 収益の項目 ×× |
|---|---|

収益の項目が発生する ➡ 仕訳では右側に記録

## EXAMPLE

「A株式会社は、土地1,000,000円を1,100,000円で売却し、代金は現金で受け取った。」という取引が生じた場合、収益である固定資産売却益はいくらになるでしょうか。

この取引の場合、売却時点で土地(資産)1,000,000円が減少すると同時に、売却額である1,100,000円の現金(資産)が増加します。その結果、差額である固定資産売却益(収益)100,000円が発生します。

仕訳は、次のようになります。

(借)現金　　1,100,000　　(貸)土地　　　　　　1,000,000
　　　　　　　　　　　　　　　　固定資産売却益　100,000

## Memo

### 売上高の計上

収益の中でも最も業績に影響を与えるのは、損益計算書の売上高です。売上高の計上は、販売する商品や製品によってタイミングが異なります。スーパーの場合、レジで代金を支払った時点で商品は購入者のものになるので、販売時点がスーパーにとっての売上計上のタイミングです。携帯電話のように高価な商品で代金が分割払いであっても、お店側の売上計上は販売時点です。これらは、**一時点で生じる財やサービスの移転**(履行義務の充足)と見なされます。

一方、建物の建設を請け負う建設会社は、建物を完成させるのに何年間も時間を要することがあります。この場合、建物が完成するにつれ、徐々にその建物が顧客の財産となると考えられるため、売上は工事期間にわたって配分して計上します。これらは、**一定期間にわたり生じる財やサービスの移転**(履行義務の充足)と見なされます。

===== 第17章　取引の記録と損益計算書への影響 =====

## ② 費用が発生する取引

理解したら
Check!!

- 費用の発生は、利益を減少させる要因であり、同時に純資産を減少させる要因となる。 □
- 費用の発生は、借方に記録する。 □

### ココが**ポイント** POINT

- 営業活動で発生する費用は、商品の購入によるものであり、**仕入**が計上される。→製品の製造については第22章①参照
- 営業活動を行うと、次のような販売や管理に関する費用（**販売費及び一般管理費**）が発生する。
  給料/広告宣伝費/配送料/旅費交通費/研究開発費/水道光熱費/家賃の支払/減価償却費→減価償却については第19章④⑤参照
- 本業とは別に、経常的に次のような費用が発生する（**営業外費用**）。
  借入、社債の保有により支払う利息（支払利息）/株式の保有による値下がり（有価証券評価損）/売買目的の株式の売却による損失（有価証券売却損）/為替の変動により発生する損失（為替損失）
- 本業とは別に一時的、臨時的に次のような費用が発生する（**特別損失**）。
  固定資産の売却による損失（固定資産売却損)/固定資産の価値の低下（減損損失)/長期間保有している株式の売却による損失（投資有価証券売却損)/災害による損失
- 法人税、住民税及び事業税といった税金の支払も費用となる。

### 費用が発生した場合の処理

| （借方）　費用の項目　　××　（貸方）　〇〇　　×× |
| --- |

費用の項目が発生する➡仕訳では左側に記録

# Memo

## 資産の評価と評価差額

　資産と負債の金額を決定することを**評価**とよび、資産の評価方法は大きく2つに分かれます。

　1つは、資産の取得時の金額をもとにする**取得原価**です。取得原価は、実際に取引された金額なので、確実性があります。もう1つは、**時価**による金額の決定で、一部の株式のように市場が確立し、公正な価額が判明する場合に用いられます。時価は、最新の資産の評価額を表すことが可能ですが、売却しない限りその価額は実現しないため、確実性という点で取得原価に劣ります。時価の使用は、株式の種類によって使用の有無や処理方法が異なりますが、売買目的の有価証券の場合、値上がり部分は収益、値下がり部分は費用とされます。

　また、時価は固定資産にも使用されることがあります。固定資産は、基本的には取得原価で評価されますが、使用期間が長期にわたるため、企業内外の環境変化によりその価値が著しく下落することがあります。このとき、価値の下落部分は**減損損失（減損）**として費用計上されます。

　このように、時価の変動に伴って発生する収益・費用もあります。

　なお、負債は、基本的に契約にもとづいて金額が決定されます。

# 第17章 取引の記録と損益計算書への影響

## ③ 商品売買の処理

- 三分法を用いる場合、商品の購入は**仕入**（費用）、販売は**売上**（収益）を用いて記録する。
- 商品仕入の際は**原価**で記録し、商品販売の際は**売価**で記録するため、損益計算書で対応させると差額が**利益**となる。

- 商品売買とは、商品を他の企業から購入し、それを販売することであり、商品を購入することを**仕入**、販売により商品を引き渡すことを**売上**という。
- 商品代金の支払いや受取りにはさまざまなパターンがある。

### <商品売買の基本>

（図：仕入先 → 商品を仕入れ¥100 / 代金支払い¥100 → 当社（例：スーパー） → 商品を売上げ¥120 / 代金受け取り¥120 → 販売先（顧客）　20円のもうけ）

### <さまざまな代金の支払いと受取りの方法>

| 仕入代金の支払い | 売上代金の受取り |
| --- | --- |
| ・現金や預金口座を使って支払う<br>・後で支払う（掛け、電子記録）<br>・先に支払う（前払）<br>・小切手、手形、商品券で支払う | ・現金や預金口座で受け取る<br>・後で受け取る（掛け、電子記録、クレジット払い）<br>・先に受け取る（前受）<br>・小切手、手形、商品券で受け取る |

- 一般的に商品売買の実務で用いられる**三分法**の処理では、商品の取得に
要した金額（原価）をまずはすべて**仕入**（費用）として借方に記入する。
  →三分法については第19章②参照
- 商品は将来販売するために購入しているため、三分法では、商品自体が
未販売であっても仕入時に購入にかかった金額を先に販売の犠牲分（費
用）とする処理を行う。
- 商品を販売したときは、販売した金額（売価）を**売上**（収益）として貸方
に記入する。

## EXAMPLE

当期の取引が次の内容の場合、損益計算書はどのようになるでしょうか。
1. 仕入先から商品300円を仕入れ、代金を現金で支払った。
2. 300円で仕入れた商品を得意先に500円で販売し、代金は現金で受け取
った。

| | | |
|---|---|---|
| 売上高 | 500 | ←2．の売上 |
| 売上原価 | 300 | ←1．の仕入のうち、売れた部分(この例では全額) |
| 売上総利益 | 200 | ←売上高−売上原価 |

- 仕入と売上は、それぞれ費用と収益のため、損益計算書に表示する。
- （商品が当期に全部売れた場合）商品を買った金額（原価）と売った金額（売
価）が損益計算書で対応し、最終的にもうけ（利益）が算定できる。
- 損益計算書の仕入は、売れた商品の取得に要した金額を示し、**売上原価**
と表示する。

## Memo

### 商品の仕入は、なぜすぐに費用処理とするのか？

商品を仕入れたときは、通常、販売できる状態にある在庫が増えるので資産の
増加と考えられます。そして、商品を販売すると、資産が消費されることになる
ため、販売の際に商品の仕入金額を費用にする処理（売上原価にする）が自然で
す。

ただし、このように個々の仕入と販売をすべて把握することは、大量の商品を
取り扱う場合には適していません。商品販売時に、売上の把握と同時に売上原価
を把握することは煩雑だからです。

三分法では、決算時に在庫を資産として処理します。→第19章②③参照

== 第17章　取引の記録と損益計算書への影響 ==

レッスン5

## ④ 発生主義

理解したら
Check!!

- **発生主義**（accrual accounting）を用いて当期の費用と収益を認識し、損益計算を行うことで、正確な期間損益計算が可能となる。 ☐

- **現金主義**（cash accounting）にもとづく情報は、確実性があるが、記録のタイミングが遅くなる可能性がある。 ☐

### ココが**ポイント**
## POINT

- 1年間の経営成績（利益）を明らかにするための処理の根底には、発生主義や実現主義という考え方がある。

- **発生主義**とは、費用や収益を発生した期間に計上する考え方である。

- 現金の支払いや受取りが行われていなくとも、その期間に発生したものであれば、当該項目が当期に把握される。

- 収益は、できるだけ確実なものとして捉えるために**実現主義**の考え方が用いられ、実現した時点で記録を行う。

- 当期に発生しているにもかかわらず、日々の簿記の処理において把握しきれなかった費用や収益は、1会計期間でもうけがいくら出ているのかを正確に導き出す（**期間損益計算**）ために、決算整理の際に必要な修正として処理する。→決算整理については第19章参照

- 損益計算書は発生主義によって作成し、キャッシュ・フロー計算書は現金主義によって作成する。

- **現金主義**では、商品やサービスの代金を受け取ったとき、または代金の支払いを行ったときに収入と支出を記録する。

136

# EXAMPLE

飲食店を経営しているAさんのお店では、12月に水道光熱費が150,000円かかりました。水道光熱費の代金は、翌月に払います。決算日が12月末の場合、水道光熱費（費用）は、当期の費用となるでしょうか。それとも次期の費用となるでしょうか。

発生主義のもとでは、水道光熱費は、支払いをしていなくても費用が発生した当期分として処理されることになります。そうすることで、当期の利益が正確に計算できます。

## Memo

### 業績のみを重視することの危険性

業績が好調で黒字が継続している場合でも、会社が倒産することがあります。こうした場合、キャッシュ・フローの状況が悪化している可能性が高いです。なぜなら、収益の認識とキャッシュの認識はタイミングが異なるからです。キャッシュの回収見込みを無視して、収益ばかりを計上するという処理を行うと、このようなことが起こり得ます。

また、業績の向上のみに固執することは、会計数値の操作を誘引させる可能性もあります。財務諸表のつながりや作成の意義を考え、冷静な判断力を備えることが求められます。

# レッスン6

## 決算手続きを行う

# 第18章 決算手続きの概要

## ① 決算の手続き

- 決算日を迎えると、当期に記録した取引は手続きに従って決算報告用の資料にまとめる必要がある。
- 決算の手続きは、決算整理前残高試算表の作成、決算整理、決算整理後残高試算表の作成、帳簿の締め切り、財務諸表の作成の順に行われる。

- 簿記の一連の流れは、取引が生じたら日付順に仕訳をし（仕訳帳に記載）、科目ごとに残高を把握し（総勘定元帳に記載）、「自社が今どのような状況か」を把握するため、定期的に表にまとめる（試算表の作成）。
- **決算日**（会計期間の末日）を迎えると、決算の手続きを行い、最終的に財務諸表を作成する。

＜簿記の一連の流れ＞

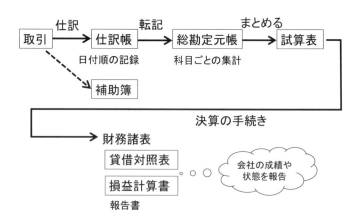

- 決算の手続きでは、「会計期間の勘定の記録を整理して帳簿を締め切る手続き」と「貸借対照表と損益計算書を作成する手続き」を行う。

<決算の手続き>

(1) 決算整理前残高試算表の作成
- 決算整理(報告の準備)を行うにあたり、まずはこれまでの記録を集計し、**決算整理前残高試算表**を作成する。

(2) 決算整理→第18章②に関連
- 各勘定残高について確認し、必要な修正を行う。
- 修正の作業は**決算整理**とよび、記録の間違いの訂正、決算日の財政状態、1年間の経営成績を明らかにするための処理を行う。

(3) 決算整理後残高試算表の作成
- 決算整理後に作成する**決算整理後残高試算表**は、財務諸表作成の基礎となる。

(4) 帳簿の締め切り→第18章③に関連
- 会計期間の区切りを示すために**帳簿の締め切り**を行う。

(5) 財務諸表の作成
- 決算整理後の残高をもとに財務諸表(外部報告用の書類)を作成する。

# 第18章　決算手続きの概要

## ② 未処理事項と決算整理

理解したら
Check!!

- 当期の会計処理の誤りや記入漏れがある場合は、決算において仕訳で修正をする。
- **決算整理**は、貸借対照表と損益計算書の数字を確定し、報告書類を作成するための手続きである。

### ココが**ポイント** POINT

- 決算の手続きを行う際に、これまでの記録に誤りがあったり、記入漏れがあったりする場合は、修正や追加を行う（**未処理事項**）。
- 記入漏れや、誤りの訂正を行わないと、企業の実態を適切に表すことができないため、決算整理の前に確認し、必要に応じて処理を行う。

### EXAMPLE

決算日に、現金の帳簿残高は10,000円でしたが、実際に手元にある現金が9,000円だったことが判明したとします。現金が不足する理由が、従業員への旅費交通費支払いの記帳漏れであったとき、どのような処理をすればいいでしょうか。

このとき、未処理事項になるのは、旅費交通費（費用）の発生と現金（資産）の減少の記録となります。そのため、決算においてこれを仕訳します。

- 日常的な取引の記録に加え、**決算整理事項**（決算時に修正が必要な記録）がある。
- 決算整理は、仕訳で行い、**決算整理仕訳**とよぶ。
- 決算整理が必要とされる理由は、貸借対照表では適切に決算日の財政状態を示し、損益計算書では1年間の経営成績を適切に示すためである。

<決算整理で扱われる項目の例>

現金過不足→第19章①に関連
費用の前払・未払、収益の前受・未収→第19章①に関連
売上原価→第19章③に関連
減価償却→第19章⑤に関連
貸倒れ
有価証券の評価

## Memo

### 粉飾決算と決算報告

粉飾決算は、決算報告をよく見せようとするために起こってしまう犯罪です。上場企業を対象とした日本公認会計士協会の調査によれば、2020年3月期から2024年3月期の5年間で発生した粉飾決算の内訳は次のようになっています。

| 売上の過大計上 | 81社 |
| 架空仕入・原価操作 | 65社 |
| 経費の繰延べ | 42社 |
| 在庫の過大計上 | 27社 |
| その他資産の過大計上 | 21社 |

出典：日本公認会計士協会（2024）経営研究調査会研究資料第11号「上場会社等における会計不正の動向（2024年版）」、https://jicpa.or.jp/specialized_field/files/2-3-10-2-20240716.pdf（2024年11月25日閲覧）をもとに筆者作成。

# 第18章 決算手続きの概要

## ③ 帳簿の締め切り

- 決算整理の後に各勘定の**締め切り**を行うことで、当期と次期の区別を行う。
- 収益と費用の勘定を振り替えた損益勘定は、損益計算書のもととなり、資産と負債と純資産の次期繰越は、貸借対照表のもとになる。
- 締め切りの処理で算定される損益勘定の残高は、損益計算書の当期純利益となり、同時に貸借対照表の繰越利益剰余金に計上される。

### ココが**ポイント** POINT

- 決算整理後残高試算表の作成後、それぞれの勘定残高をゼロにして当期と次期の区切りをつける手続きのことを**締め切り**という。
- 収益・費用の勘定の締め切りは、収益・費用の各勘定を損益勘定に振り替え、損益勘定で当期純利益（損失）を算定し、繰越利益剰余金に振り替える手順で行う。
- 損益計算書の利益が、貸借対照表の純資産の部の1会計期間の増加と一致すると説明されるのは、損益計算書で算定された当期純利益を純資産の項目である繰越利益剰余金に振り替えるためである。
- 資産・負債・純資産の勘定の締め切りでは、それぞれの勘定が次年度にも繰り越される項目のため、決算日の残高を次の年に繰り越す処理を行う。

### ＜収益・費用勘定の締め切り＞

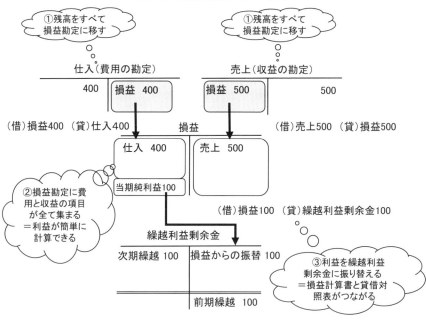

　収益と費用のそれぞれの勘定を損益勘定に移し（**振替**）、残高をゼロにする（①）。①の結果、損益勘定には、すべての収益と費用の項目が記載される（②）。損益勘定の残高は、収益から費用を差し引いた金額、すなわち当期純利益（損失）となる。損益勘定の残高（当期純利益）を繰越利益剰余金（貸借対照表の純資産の部）に振り替える（③）。

### ＜資産・負債・純資産勘定の締め切り（現金の場合の例）＞

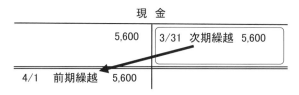

　現金の残高が5,600円だった場合、その金額を次期に繰り越すため、期末に現金のT勘定の貸方（当該科目の減少側）に**次期繰越**を記載する。翌期の期首には、二重線の次の行の借方（増加側）に**前期繰越**を記載する。

# 第18章 決算手続きの概要

## ④ 精算表

- **精算表**（worksheet）は、試算表、決算整理事項、損益計算書、貸借対照表を1つにまとめた表であり、決算手続きの全体像を確認することができる。
- 精算表は、企業内部で利用することを目的とする書類のため、外部には公表されない。

### ココがポイント

- 決算手続きにおいて決算整理前残高試算表、決算整理事項を用いて損益計算書・貸借対照表を作成する過程を1つの表にまとめたものを**精算表**という。
- 精算表は、外部に公表するための書類ではなく、英語では、"worksheet"と表す。
- 英語からもわかるように、経営者が決算の状況を早く知るために作成される表が精算表で、内部利用目的の書類である。
- 精算表は、左側の列に勘定科目が掲載され、勘定科目の右側の列には残高試算表、修正記入、損益計算書、貸借対照表がそれぞれ借方と貸方の欄を設ける形で並んでいる。

## ＜精算表の概要と作成手順＞

精　算　表
X1年12月31日

| 勘定科目 | 残高試算表 借方 | 残高試算表 貸方 | 修正記入 借方 | 修正記入 貸方 | 損益計算書 借方 | 損益計算書 貸方 | 貸借対照表 借方 | 貸借対照表 貸方 |
|---|---|---|---|---|---|---|---|---|
| 現　　金 | 1,000 | | | | | | 1,000 | |
| 売　掛　金 | 3,000 | | | | | | 3,000 | |
| 繰越商品 | 1,000 | | | | | | 1,000 | |
| 買　掛　金 | | 1,000 | | | | | | 1,000 |
| 借　入　金 | | 1,500 | | | | | | 1,500 |
| 資　本　金 | | 1,800 | | | | | | 1,800 |
| 繰越利益剰余金 | | 200 | | | | | | 200 |
| 売　　上 | | 2,000 | | | | 2,000 | | |
| 仕　　入 | 1,000 | | | | 1,000 | | | |
| 給　　料 | 500 | | | | 500 | | | |
| 当期純利益 | | | | | 500 | | | 500 |
| | 6,500 | 6,500 | | | 2,000 | 2,000 | 5,000 | 5,000 |

（資産：現金、売掛金、繰越商品　負債：買掛金、借入金　純資産：資本金、繰越利益剰余金　収益：売上　費用：仕入、給料）

実際には修正記入欄に未処理事項や決算整理の数字が入る

借方と貸方の差額で算定

　残高試算表は決算整理前の試算表を意味し、精算表作成の出発点となる。修正記入欄には未処理事項や決算整理の仕訳で処理した金額を記入する。残高試算表と修正記入を加減算してそれぞれの項目の属する財務諸表（損益計算書か貸借対照表）に分類し、差額で当期純利益を算定する。

• ここで説明した精算表は、8桁精算表であり、10桁精算表もある。
→精算表の例については第2部付録参照

第19章　決算整理

## ① 現金過不足、経過勘定項目

- 決算の際に現金の過不足がある場合、適正な貸借対照表を作成するために、帳簿価額と実際有高を一致させる修正を行う。
- 前払費用、前受収益、未払費用、未収収益の計上は、当期の適正な期間損益計算を行うために決算整理にて処理を行う。

### ココがポイント
### POINT

- 現金の過不足が決算時に生じている場合、手許残高にあわせる処理を決算整理で行う。

### EXAMPLE

　決算時に、手元の現金が100円不足していましたが、なぜ不足するのか理由がわからなかったとします。そのままの状態で決算報告をしていいでしょうか。

　もし、そのまま報告をすれば、実際に手元にある現金残高と帳簿上の記録の金額が異なることを意味します。これでは、適切な報告を行うことができないため、決算において実際の状況にあわせる処理が必要となります。
　この場合、帳簿の現金（資産）を100円減少させ、不足分を費用計上（原因が不明のため雑損として計上）します。

- 次期の費用を先に支払った場合（前払費用）、当期の費用をいまだ支払っていない場合（未払費用）、次期の収益に対する代金を先に受け取った場合（前受収益）、当期の収益に対してまだ代金を受け取っていない場合（未収収益）、決算において当期の費用と収益を正確に把握するための処理を決算整理で行う。
- これらは、**経過勘定項目**とよばれ、貸借対照表の項目として次期に繰り越す。

## EXAMPLE

「2か月分の家賃100,000円を現金で支払った」場合、次のような仕訳になります。

（借）支払家賃　100,000　　（貸）現金　100,000

決算日が3月31日の場合、それぞれのケースについて費用となる金額はいくらでしょうか。

Case 1　家賃は当期の2月分と3月分であった。
　　　　→当期の損益計算書に全額を支払家賃（費用）として記載します。
Case 2　家賃は当期の3月分と次期の4月分であった。
　　　　→当期の損益計算書に記載する支払家賃（費用）は50,000円です。
　　　　　次期の損益計算書に記載する支払家賃（費用）は50,000円です。

Case 2のような場合に、決算整理仕訳が必要となり、次期の家賃を前払したという意味の仕訳を行います。

前払い　　翌月も使用できる権利

## EXAMPLE

3月分の給料50,000円を次期の4月10日に支払う予定である場合、決算日にどのような処理が必要でしょうか（決算日3月31日）。

この場合、給料を支払う処理は4月10日に行います。一方で、従業員は3月に働き、会社の収益獲得に貢献しています。そのため、3月分の給料（費用）は、当期に反映する必要があり、決算整理仕訳を行うことになります。

決算整理仕訳では、給料を費用として計上すると同時に、次期に給料を支払う義務が生じることを示します。

1か月後　　翌月に支払う義務

# 第19章　決算整理

## ② 商品

- 三分法により商品売買の処理を行う場合、使用する勘定科目は3つ（仕入、売上、繰越商品）である。
- 期末の商品の売れ残りは、決算整理で**繰越商品**に計上し、貸借対照表の資産として繰り越す。
- 貸借対照表の資産の部に表示されている商品および製品、仕掛品、原材料はあわせて**棚卸資産**（inventories）とよぶ。

### ココが**ポイント** POINT

- 商品売買の会計処理は、①商品を仕入れる、②商品を販売する、③在庫（商品の売れ残り）を把握する、が基本となる。
- これらは、それぞれ①仕入（費用）、②売上（収益）、③繰越商品（資産）に該当し、これらの項目による処理は**三分法**とよぶ。
- 第17章③では、商品の仕入は原価、商品の販売は売価で記録することを学習したが、購入した商品はすべて売れていることを前提にしていた。

### ＜第17章③で学習した商品売買の前提＞

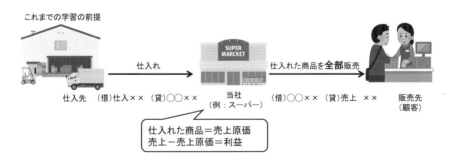

- 実際には全部の商品を当期に売り切ることは難しく、普通は在庫が発生するため、仕入れた商品の代金は、売れた部分と売れ残った部分に分けなければならない（**費用配分**）。
- 仕入れた商品（仕入で処理）のうち、売れた部分は損益計算書の**売上原価**として表示する。
- 売れ残った部分は、在庫となり次期に販売できるため、仕入から減額すると同時に貸借対照表の**繰越商品**として計上する。
- 三分法で処理をする場合、これらは決算において決算整理仕訳で把握する。

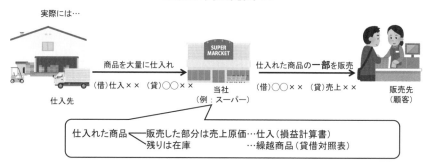

＜実際の商品売買1＞

- 簿記の処理で使用する繰越商品は、貸借対照表の資産の部では、**商品**（goods）という表示科目で表す。
- 貸借対照表では、商品を含む在庫に関連する項目が資産の部に表示され、在庫に関する項目はあわせて**棚卸資産**とよぶ。
- 製品を製造しない小売業の場合、棚卸資産の内訳はほとんどが商品（すなわち商品の在庫）となる。
- 製造業の場合は、販売できる状態にある完成品（商品および**製品**）のみならず、製品を製造する際に生じる**仕掛品**（goods in process）や**原材料**（raw materials）が棚卸資産に含まれ、貸借対照表に表示される。

# 第19章　決算整理

## ③ 売上原価

- 前期の在庫である期首の繰越商品は、当期に販売するため決算整理で仕入に計上する。
- 商品の決算整理仕訳を行うと、仕入の残高は当期に販売した商品の原価（売上原価（cost of sales））となる。

- 第19章②では、期首に在庫を抱えていないことを前提として学習したが、現実的には期首に在庫（前年度の売れ残り）を抱えている企業がほとんどである。
- 期首に在庫がある場合、まずは在庫を販売することが通常である。
- 前年度の売れ残り（期首の繰越商品）は、繰越商品から減額し、当期の仕入に計上するが、この処理も決算整理において行う。

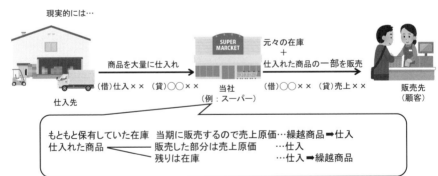

- 期首在庫である繰越商品（資産）を仕入（費用）に含める処理や期中に仕入（費用）として処理した金額のうち、売れ残った部分を在庫として繰越商品（資産）とする処理は、まとめて決算整理仕訳で行う。

| | | | |
|---|---|---|---|
| (借)仕入 | ×× | (貸)繰越商品 | ×× |
| 繰越商品 | ×× | 仕入 | ×× |

←期首の在庫(繰越商品：資産)を仕入(費用)に振り替える仕訳

←仕入(費用)の未販売部分を期末の在庫(繰越商品：資産)に振り替える仕訳

- 仕入の残高は、前年に売れ残った在庫金額＋今年仕入れた金額−売れ残って来年に販売する在庫金額を計算することと同じ意味である。
- 商品の決算整理を行うと、仕入の残高は仕入れた代金のうち、販売した部分だけが残ることになり、**仕入の残高＝売上原価**となる。

期首商品棚卸高＋当期商品仕入高−期末商品棚卸高＝売上原価

- 損益計算書では、商品に関連する項目は売上高と売上原価となる。
- 売上高（収益）と売上原価（費用）を対応させることで売上総利益が算定される。

売上高−売上原価＝売上総利益

第19章 決算整理

**理解を深めよう**

　商品の仕入（原価で記録）と商品の売上（売価で記録）の処理を学習しましたが、「売上の際に何円の原価の商品が消費されたか把握しないのか。」と気になったかもしれません。これについては、補助簿（商品有高帳）で把握します。→補助簿については第15章⑥、第2部付録参照

　大量生産されるような商品の場合は、商品ごとに仕入時の単価や個数が記録され、払い出した際にも単価（原価）や個数を記録します。このとき、「先入先出法」や「平均原価法」といった計算仮定をおきます。

　このように商品の管理については、出し入れを継続的に記録すると同時に期末に「棚卸」とよばれる在庫チェックを通じてより確実に行われます。

153

# 第19章　決算整理

## ④ 有形固定資産

理解したら
Check!!

- 有形固定資産を取得したときは、購入代価に付随費用を加えた**取得原価**（acquisition cost）で記録する。
- 土地を除く有形固定資産は、決算整理において**減価償却**（depreciation）を実施し、有形固定資産の実質的な価値は、取得原価から減価償却累計額を控除した帳簿価額で表す。

### ココが**ポイント** POINT

- **有形固定資産**（fixed assets）は、企業が1年を超える長期間にわたって営業活動に使用する有形の資産のことを指し、建物、備品、車両運搬具、土地などが該当する。
- 有形固定資産は最初に**取得原価**で記録し、取得原価は購入代価と付随費用を含む。
- 付随費用には、仲介手数料、登記料、購入手数料、登録手数料、引取運賃、据付費など、当該有形固定資産を購入してから使用するまでにかかった諸費用が含まれる。
- 土地を除く有形固定資産は永遠に使用することはできず、時の経過とともにその価値を消費するため、貸借対照表に掲載されている金額は、当該資産を取得したときの金額がそのまま掲載されているわけではない。

- 有形固定資産の使用や時の経過による価値の減少は、会計処理において反映させることが求められるが、これらは目で見ることはできず、人によって判断は異なる。
- そのため、決算整理にて一般に認められた計算方法を使って、当期の有形固定資産の消費額を計算し、有形固定資産の帳簿価額を減少させる（**減価償却**）。
- 減価償却の処理では、当期の消費額を**減価償却費**として費用計上するが、複式簿記では、取引を二面的に捉えるため、同時に有形固定資産の減額を何らかの科目で示す必要がある。
- 当該有形固定資産を直接減額することも１つの方法となるが、**減価償却累計額**（accumulated depreciation）という資産のマイナスの意味合いを持つ勘定科目を用いることもある。
- 毎期算定される減価償却費は減価償却累計額として累積するため、有形固定資産の取得時の金額から減価償却累計額を差し引けば、有形固定資産の現在の実質的な価値（**帳簿価額**（book value））となり、それが貸借対照表価額となる。
- 貸借対照表では、有形固定資産の帳簿価額だけが表示されている場合もあるため、有形固定資産の全体像を把握するためには、必要に応じて**注記**や**附属明細表**の内容をあわせて確認する必要がある。

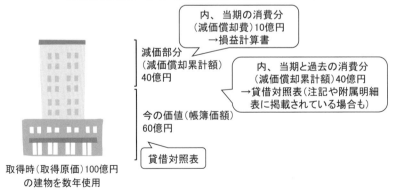

＜貸借対照表における有形固定資産のイメージ＞

固定資産の取得原価－減価償却累計額＝帳簿価額（有形固定資産の貸借対照表価額）

# 第19章　決算整理

## ⑤　減価償却費

理解したら
Check!!

- 減価償却費は、有形固定資産の取得原価を減価償却によって**費用配分**したものである。

- 減価償却の方法は、複数の方法から選択が可能であり、注記にて示すことが求められる。

- 損益計算書における減価償却費は、販売費及び一般管理費に含むものと売上原価に含むものがある。

## ココが**ポイント**
## POINT

- **減価償却**は有形固定資産の取得原価を各期に**減価償却費**（費用）として**費用配分**することであり、期末の決算整理において処理を行う。

- 減価償却の計算の際には3つの要素を使用する。
  ①取得原価：有形固定資産を取得し、利用するまでにかかった原価
  ②耐用年数：有形固定資産が何年使用できるかを見積もった年数
  ③残存価額：耐用年数経過後、処分するときに予想される売却価額
  （平成19年4月1日以降に取得した有形固定資産は残存価額ゼロ）

- 減価償却の計算方法には、いくつかの種類があり定額法、定率法、生産高比例法といった方法から企業が選択して適用し、選択した方法は注記に示す。

- 近年、定額法を選択する企業が増加傾向のため、ここでは定額法のみを学習する。

- **定額法**とは、毎期一定額の減価償却費を計上する方法である。

### ＜定額法の計算式＞
減価償却費＝（取得原価－残存価額）÷耐用年数

# EXAMPLE

　次の備品に関する情報をもとに定額法で減価償却をすると、減価償却費の金額と決算整理の処理はどのようになるでしょうか。

　　　　　　取得原価90,000円、耐用年数 5 年、残存価額ゼロ

　減価償却費は（90,000 － 0）÷ 5 年＝18,000円となり、借方に費用計上すると同時に、資産のマイナス項目である減価償却累計額を貸方に計上します。減価償却の処理は、費用計上によって利益のマイナスとなりますが、現金の支出はありません。その代わり、資産の減額の処理をします。

- 減価償却費は、損益計算書の販売費及び一般管理費や売上原価に含まれる。
- 販売費及び一般管理費は、商品の販売に要した費用や業務の管理活動にかかる費用のことで、ここに含まれる減価償却費は、販売・管理部門（本社や販売店舗など）に関するものである。
- 製造業の場合は、有形固定資産の大半は製造部門で使用されており、これらの減価償却費は製造原価を通じて売上原価に含まれている。

### 理解を深めよう

　購入した時点の有形固定資産は、すぐには利益を生み出しません。有形固定資産の取得は将来に向けた投資活動のため、使用するにつれて事業活動の成果が現れ、収益が生じます。そのため、時間の経過とともにもうけに対する犠牲として費用計上（減価償却費）を行います。

　このように会計では、1 会計期間の収益と費用を対応させる処理を行い、これを**費用収益対応の原則**とよびます。

第19章　決算整理

157

# レッスン7

## 財務諸表を開示する

# 第20章 財務諸表の開示と税務

## ① 会社法にもとづく開示

- 株式会社は会社法に従い、会社法にもとづく会計は**会社法会計**とよぶ。
- 会社法では、**株主を保護**し、**株主と債権者の利害調整**をするために株主総会での計算書類の開示や配当の制限を規定している。
- 会社法では、会計書類を**計算書類**とよぶ。

- 日本の会社の大部分は**株式会社**であり、約250万社あるとされる。
- 株式会社は、不特定多数の人が出資者として参加でき、**株主**とよばれる出資者は、すべて**有限責任**である。
- すべての株式会社は、**会社法**に従わなければならず、会社法の規定に則って行われる会計を**会社法会計**という。
- 会社法会計は、会計帳簿の作成・保管義務、計算書類の開示、分配可能額の算定方法について規定し、**株主の保護**と**株主と債権者の利害調整**を目的とする。

<株主の保護>

株式会社の所有者は株主だが、株主は経営者ではない。そのため、自身が所有する会社が今どのような状態かを知るためには、会社から情報を提供してもらう必要がある。株主を保護するために、会社法では計算書類の開示について規定している。

### <株主と債権者の利害調整>

株主は有限責任のため、会社が倒産しても会社に貸付を行っている債権者（銀行等）に対し、株主が資金の返済をすることはない。そこで、会社法では、利益を株主に配当しすぎないように配当制限を設けることで債権者を保護している。

- 会社法では、決算日後3か月以内に**株主総会**の開催を義務づけており、提供された資金の運用結果を報告することによって**会計責任（アカウンタビリティ）** を果たす。
- 会社法は、（公開会社の場合）株主総会の2週間前までに召集通知を発することを定めている（2023年3月以降は、株主総会資料の電子提供制度が開始）。
- 招集通知には**計算書類**を添付しなければならず、計算書類は、会社計算規則で定められた形式で作成された**貸借対照表**、**損益計算書**、**株主資本等変動計算書**および**個別注記表**の4つである（大会社の場合は、4つの連結計算書類を添付）。
- 計算書類は、「一般に公正妥当と認められる企業会計の慣行」（会社法第431条）に従って作成され、会社計算規則では、「一般に公正妥当と認められる企業会計の基準その他の企業会計の慣行をしん酌しなければならない」（第3条）と規定されている。
- これは、**企業会計基準委員会**（ASBJ：Accounting Standards Board of Japan）の公表する会計基準の適用を意味する。

# 第20章　財務諸表の開示と税務

## ② 金融商品取引法にもとづく開示

理解したら
Check!!

- 金融商品取引法は、上場企業に対して情報開示（ディスクロージャー）に関する規制を行い、**投資家を保護**する役割を持つ。 □

- 金融商品取引法を順守する企業は、決算日後3か月以内に**有価証券報告書**の提出が求められる。 □

- 金融商品取引法では、会計書類を**財務諸表**とよぶ。 □

### ココが**ポイント** POINT

- 企業は規模が大きくなると、巨額の資金調達をするために**上場**（企業が発行する株式を自由に売買できるようにすること）をする場合がある。

- 企業は上場すると**金融商品取引法**の規制を受け、金融商品取引法は、情報開示（ディスクロージャー）に関する規制を行うことで、**投資家保護**を行う。

- 金融商品取引法は、企業の資金調達と投資家の資産運用に役立つように、有価証券の**発行市場**と**流通市場**に関するルールを定めている。

- 発行市場は、株式や社債の新規発行により投資家が証券を直接取得する市場で、発行価額が1億円以上の場合に**有価証券届出書**の提出が求められる。

- 流通市場は、発行された株式を投資家の間で売買する市場で、こうした売買が実施されている上場会社、店頭登録会社、有価証券届出書提出会社、その他過去5年間において事業年度末日時点の株主数が1,000名以上となったことのある有価証券発行者は、事業年度終了後3か月以内に**有価証券報告書**の提出が求められている。

- 有価証券報告書は、企業の概況、事業の状況、設備の状況、提出会社の状況、経理の状況、提出会社の株式事務の概要、提出会社の参考情報の記載が求められ、経理の状況の中に財務諸表（連結財務諸表、個別財務諸表）が含まれる。
- 連結財務諸表では、連結貸借対照表、連結損益計算書、連結株主資本等変動計算書、連結キャッシュ・フロー計算書、連結附属明細表の作成が求められ、企業会計基準委員会（ASBJ）の公表する会計基準を適用しなければならない。
- 有価証券報告書は、事業年度ごとに作成され、投資家の投資判断に最も有用とされる書類であり、1年より短期間のタイムリーな情報提供としては、**半期報告書**の開示が義務づけられている。
- 有価証券報告書や半期報告書は、金融庁の電子開示システムであるEDINET（エディネット）で閲覧可能である。

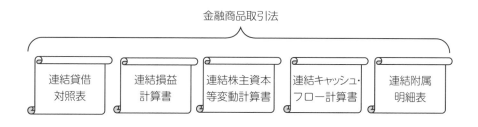

## Memo

### 計算書類と財務諸表は同じ？

　会社法では計算書類、金融商品取引法では財務諸表とよばれる会計書類は、法律の目的によって求められる書類の種類が異なります。ただし、貸借対照表と損益計算書をはじめとした共通の書類の中身は同じで、企業会計基準委員会（ASBJ）が公表する会計基準に従って作成されています。法律の根拠が異なるからといって異なるルールで書類を作成すると数値が異なる等の混乱が生じるからです。

# 第20章　財務諸表の開示と税務

## ③　監査

理解したら
Check!!

□

□

□

- **公認会計士**（certified public accountant）による**監査**（audit）は、第三者の目で企業の粉飾や不正を防止する役割を持つ。
- 監査人は、監査報告を行うことで財務諸表の内容を保証する。
- 監査意見は4種類あり、財務諸表が適正に表示されている場合は、**無限定適正意見**が表明される。

### ココが**ポイント** POINT

- 企業が発行する財務諸表は、ルールにもとづいて作成されるが、適正に作成されているかは企業外部の人にとって不明であり、粉飾や不正が行われている可能性もある。
- 財務諸表が信頼できるものであるためには、企業と特別の利害関係がない第三者にチェックしてもらう必要がある。
- 金融商品取引法では、すべての上場企業に対し、独立した**公認会計士**に財務諸表の**監査**をしてもらうことを義務づけている。
- 監査によって財務諸表の内容を保証してもらうことで、投資家が財務諸表を信頼して利用し、投資活動を行うことができる。
- 監査は、監査人が一般に公正妥当と認められる企業会計の基準に準拠して財務諸表が適正に作成されているかをチェックし、**監査意見**を表明し、**監査報告書**を提出することで行われる。
- 監査の際は、重要な虚偽表示が生じる可能性の高い項目を重点的に監査する**リスク・アプローチ**とよばれる手法が用いられる。

- 監査意見には、無限定適正意見、限定付適正意見、不適正意見、意見不表明の4種類があり、無限定適正意見は、財務諸表が適正に表示されていると監査人が判断した場合に表明される。
- 監査報告書は、有価証券報告書で開示される。

## Memo

### 公認会計士の仕事

公認会計士は、唯一、監査を行うことが認められた国家資格であり、会計専門職の中でも難関の資格とされます。公認会計士は、次のような業務を行えるため専門家として多くの活躍の場があります。

・監査業務（監査法人に所属）
・税理士業務（税理士登録を行う）
・コンサルティング業務（経営全般の助言など）
・会計実務（企業内会計士）

## Memo

### 監査の種類

日本の監査制度では、組織の内部で行われる内部監査と、外部の監査人が行う外部監査があります。公認会計士の行う監査は、外部監査で上場会社だけでなく、地方公共団体、学校法人、医療法人などの非営利組織も対象となります。

内部監査は、組織の内部で実施される監査で、会社法の大会社は取締役を監視する監査役の設置が義務づけられています。また、会社が自主的にリスクを軽減するために内部監査人を設置することもあります。

このように組織における不正の発生を未然に防ぐ方策がとられていますが、不正はしばしば発生しています。組織的な取組と同時に個人のモラルの醸成も課題といえるでしょう。

# 第20章　財務諸表の開示と税務

## ④ 税務会計

- **法人税、住民税及び事業税**（法人税等）は、損益計算書の最終利益である当期純利益の1つ上の区分に表示する。
- 法人税等は、**課税所得に法定実効税率**を掛けて算定する。
- **税理士**（certified public tax accountant）は、税務に関する専門家として企業や個人をサポートする。

- 企業が支払う税金には、利益に課税される税金（法人税、住民税、事業税）がある。
- 法人税は、国に納める税金であり、住民税と事業税は地方自治体に納める税金である。
- 法人税、住民税及び事業税は、課税所得に税率（法定実効税率）を掛けて算定する。
- 課税所得は税法上の利益であり、企業会計の利益とは異なる。

**＜損益計算書における法人税、住民税及び事業税の位置づけ＞**

| 損益計算書 | |
|---|---|
| 売上高 | ××× |
| 売上原価 | ××× |
| 　売上総利益 | ××× |
| 販売費及び一般管理費 | ××× |
| 　営業利益 | ××× |
| 営業外収益 | ××× |
| 営業外費用 | ××× |
| 　経常利益 | ××× |
| 特別利益 | ××× |
| 特別損失 | ××× |
| 　税引前当期純利益 | ××× |
| 法人税、住民税及び事業税 | ××× |
| 法人税等調整額 | ××× |
| 　当期純利益 | ××× |

損益計算書の利益
↓
利益をもとに課税所得を算定
↓
税額を算定

- 課税所得は、**益金**から**損金**を差し引いて算定する。
- 企業会計は適正な期間損益計算を目的とする一方、税法は課税の公平性を目的とするため、益金・損金と収益・費用とでは、次のようなずれが生じる。→期間損益計算については第17章④参照

    企業会計上は収益だが、税務上は益金にならない（益金不算入）
    企業会計上は収益でないが、税務上は益金になる（益金算入）
    企業会計上は費用だが、税務上は損金にならない（損金不算入）
    企業会計上は費用でないが、税務上は損金になる（損金算入）

- 実務上は、企業会計の利益をベースにこれらの相違を調整して課税所得を算定するため、これらは相互に関わりがある。

<当期純利益の計算と課税所得の計算>

【企業会計】収益－費用＝当期純利益(税引前)

 ≠

【税務会計】益金－損金＝課税所得

- 課税所得を計算するための会計は、**税務会計**とよぶ。

> **Memo**
> 
> ### 税理士の仕事
> 
> 　税理士は、会社や個人に対して税務に関する専門的なサポートをすることができる国家資格です。税理士は、次のような業務を行うことができます。
> 
> ・税務代理（税務署への申告や申請）
> ・税務書類の作成
> ・税金に関する相談
> ・財務諸表や帳簿の作成（会計業務）
> ・中小企業の役員として計算書類を作成（会計参与）
> 
>

第20章　財務諸表の開示と税務

# 第21章　会計処理のルールと表示

## ① 会計基準

- 企業は、法にもとづいて定められたルールである**会計基準**（accounting standards）に従って会計処理を行う必要がある。
- 日本の会計基準は、2001年より民間機関が作成し、その内容は国際的な会計基準と同等とされる。
- 多くの日本の上場企業は、連結財務諸表作成において日本の会計基準と**国際財務報告基準**（IFRS）から選択して適用することができる。

### ココがポイント

- 企業間の財務諸表を比較するためには、企業が同じルールにもとづいて会計処理を行っていることが前提となる。
- すべての企業が同じルールを使用するために、会社法や金融商品取引法では、「**一般に公正妥当と認められる企業会計の基準**」を使用することを求めている。
- 日本の会計基準は、1949年に大蔵省（現在の金融庁）の**企業会計審議会**が作成した企業会計原則、2001年までに企業会計審議会が作成した会計基準、2001年以降、**企業会計基準委員会**（ASBJ）が作成する会計基準をあわせたものである。
- 会計基準の作成は2001年以降、公的機関から民間機関に移行し、企業活動のグローバル化に対応するため、**コンバージェンス**（国際的な会計基準との差異を減らすための会計基準の大幅な改正）が行われている。
- 現在、日本の会計基準は国際的な会計基準とほぼ同等であるとされる。

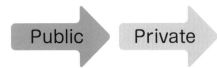

- 国際的な活動を行う企業や、世界中から資金調達をしたいと考える日本企業は、財務諸表を作成する際の会計ルールとして国際会計基準審議会が作成する**国際財務報告基準**（IFRS：International Financial Reporting Standards）を選択することができる。
- 2017年に国際財務報告基準（IFRS）の使用が認められて以降、国際財務報告基準（IFRS）適用企業が年々増加し、その数は200社を超えている。
- 国際財務報告基準（IFRS）は連結財務諸表にのみ適用される。

企業

選択

日本の会計基準

連結財務諸表→日本基準
個別財務諸表→日本基準

国際財務報告基準

連結財務諸表→国際財務報告基準
個別財務諸表→日本基準

> **Memo**
>
> ### 中小企業が使用する会計基準
>
> 金融商品取引法を適用しない企業に対しては、中小企業向けの会計基準の適用が推奨されています。中小企業向けの会計基準は2種類あります。
>
> ①中小企業の会計に関する指針
> 　大企業向けの会計基準を考慮したもので、会社法の大会社等、ある程度規模の大きい会社に適した会計基準とされます。
> ②中小企業の会計に関する基本要領
> 　中小企業が企業会計の考え方を適用できるように開発された会計基準で、日本の企業の9割以上の企業が適用対象となります。

# 第21章　会計処理のルールと表示

## ② IFRSによる財務諸表

理解したら
Check!!

- 国際財務報告基準（IFRS）で作成された連結貸借対照表は、日本の会計基準とほぼ同じ表示区分を用いているが、表示順などで経営者の裁量が認められる。 □

- 国際財務報告基準（IFRS）で作成された連結損益計算書は、表示が強制される利益の項目が日本の基準と異なり、名称が同じ利益でも日本の会計基準と内容の異なる場合がある。 □

### ココが**ポイント**
**POINT**

- 国際財務報告基準（IFRS）は、民間機関である国際会計基準審議会が公表する会計基準であり、さまざまな会計に関わる職業の各国や地域の代表者によって作成され、150を超える国や地域で使用されている。
- 日本では、国際的な活動を行う企業を中心に国際財務報告基準（IFRS）が使用され、国際財務報告基準（IFRS）にもとづく場合、財務諸表の表示方法（見た目）が日本のルールを使用する財務諸表と異なる部分がある。

（1）連結貸借対照表
- 日本基準では、資産は流動資産と固定資産、負債は流動負債と固定負債に分類され、流動性配列法がよく見られる。→流動性配列法については第3章③のColumn参照
- 国際財務報告基準（IFRS）では、固定資産は**非流動資産**、固定負債は**非流動負債**と表示され、表示の順序が企業の裁量で決定される。

170

（2）連結損益計算書

- 日本の会計基準を使用して作成された連結損益計算書は、利益が性質によって5つの段階（売上総利益、営業利益、経常利益、税引前当期純利益、当期純利益）に分けられる。→損益計算書の利益については第3章②参照

- 国際財務報告基準（IFRS）でも、**当期純利益**は必ず表示しなければならないが、売上総利益、営業利益、税引前当期純利益の表示の有無は、経営者の裁量によって決定することが可能である。

- 国際財務報告基準（IFRS）では、2027年1月1日以後に開始する事業年度以降、当期純利益に加えて**営業利益**と**財務及び法人所得税前利益**の表示が義務づけられる。

- 国際財務報告基準（IFRS）における利益は、日本の会計基準における利益と名称が同じでもその内容が異なる場合があるため、分析にあたり注意をしなければならない。

- 国際財務報告基準（IFRS）を適用する場合、特別損益の概念が存在しないため、経常利益が表示されることはない。

### ＜2027年以降に適用される国際財務報告基準(IFRS)の連結損益計算書の例＞

| | |
|---|---|
| 売上高 | ××× |
| 売上原価 | ××× |
| 　売上総利益 | ××× |
| 販売費及び一般管理費 | ××× |
| その他の営業収益・費用 | ××× |
| 　営業利益 | ××× |
| 投資収益・費用 | ××× |
| 　財務及び法人所得税前利益 | ××× |
| 財務収益・費用 | ××× |
| 　法人所得税前利益 | ××× |
| 法人所得税費用 | ××× |
| 　当期純利益 | ××× |

※網掛け部分は、表示が求められる利益

出典：International Accounting Standards Board（2024）IFRS18"Presentation and Disclosure in Financial Statements"をもとに筆者作成。

# レッスン8

## さまざまな目的で使う

# 第22章 原価の活用

## ① 原価計算

- **原価計算**(cost accounting)による原価情報は、企業内で原価管理などを行うための会計情報として役立つ。
- 原価の情報は、販売部分は損益計算書の売上原価で表示し、在庫部分は貸借対照表の棚卸資産で表示する。
- 製造原価の計算は、材料費、労務費、経費が基礎となる。

- 企業が利益を生み出すためには、売上の増加も重要であるが、**原価**(製品やサービスを生み出すために費やされた金額)を下げる戦略も必要である。
- 特に製造業では、製造過程において**原価計算**(原価がいくらであるかを計算するための方法)が必須である。
- 原価計算は、原価を算定するだけでなく、**原価管理**(原価の目標値を設定し、製造活動を管理すること)も目的とする。
- 原価情報は、予算の編成とその見直し(統制)、経営計画の策定のために使用することもあるため、企業内部で戦略を練る際に会計情報を用いる**管理会計**と関連する。
- 原価は、損益計算書の売上原価や貸借対照表の製品(在庫)として公開される情報でもあるため、**財務会計**にも関わる。

- **製造原価**（製造に要する原価）は、**材料費**（製品の素材、原料、部品）、**労務費**（製造に要した人件費）、**経費**（光熱費や家賃などの材料費や労務費以外の費用）に分類される。
- 実際にかかった原価を用いる**実際原価計算**においては、3つの費用から当期総製造費用を算定し、完成部分を製造原価として配分し、販売部分を売上原価とすることで手続きが完了する。

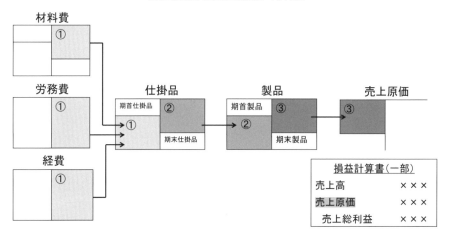

＜製造原価と売上原価の算定＞

①当期総製造費用（材料費、労務費、経費の消費額）を把握する。
②仕掛品（製造途中のもの）のうち、製造原価（製造が完了した部分）を把握する。
③製品のうち、販売した部分を把握する（＝損益計算書の売上原価）。

- 原価計算にはいろいろな種類があり、実際原価計算の中でも、受注によって生産を行う製品の場合は**個別原価計算**、大量生産する製品の場合は**総合原価計算**を用いる。
- 目標とする原価を用いる原価計算は、**標準原価計算**とよぶ。

# 第22章　原価の活用

## ② CVP分析

- 会社の内部では、費用を**変動費**と**固定費**に分解することでCVP分析を実施し、コストの構造を把握することがある。
- 利益も損失も出ない時点での売上高を**損益分岐点**とよぶ。

### ココがポイント

- 企業の内部では、製造に関わる費用を変動費と固定費に分けて計算する場合がある。
- **変動費**は、材料費のように企業の活動量の増減に比例して増減する費用であり、**固定費**は、賃借料のように企業の活動量と関係なく発生する費用である。
- 変動費と固定費の分類を行うことで、**CVP**（Cost Volume Profit）**分析**が可能となり、自社のコストの構造を把握しやすくなる。

### ＜CVP分析における利益計算＞

今まで学習した外部報告用利益（営業利益までを記載）の算定方法

　　　　売上高－売上原価－販売費及び一般管理費＝営業利益

CVP分析における利益の算定方法

　　　　売上高－変動費－固定費＝営業利益

上記の式は、次の式でも表すことができる。

　　　　売上高－変動費＝貢献利益　　　貢献利益－固定費＝営業利益

- CVP分析では、**貢献利益**が算定されるが、企業内部で使用する利益情報のため、外部に報告されることはない。

## EXAMPLE

次の生産データから販売数量が700個だった場合、営業利益は何円になるかを計算しましょう。

生産データ

| 完成品数量 | 700 個 |
|---|---|
| 販売価格 | 120 円／個 |
| 変動費 | 40 円／個 |
| 固定費 | 48,000 円 |

| 売上高 | ( | ) |
|---|---|---|
| 変動費 | ( | ) |
| 貢献利益 | ( | ) |
| 固定費 | ( | ) |
| 営業利益 | ( | ) |

【解答】(120円×700個)(売上高)−(40円×700個)(変動費)＝56,000円(貢献利益)
56,000円(貢献利益)−48,000円(固定費)＝8,000円(営業利益)

- 実際には完成した製品はすべて売れるという予測が現実になるとは限らない。
- 赤字を出さないためには最低何個売るべきか、つまり、営業利益が0円になるのは、何個販売したときかを考える必要がある。

## EXAMPLE

前問の生産データを用いて、販売数量が何個だった場合、営業利益は0円になるかを計算しましょう。

【解答】(120円×X個)(売上高)−(40円×X個)(変動費)−48,000円(固定費)＝
0円(営業利益)　X＝600個

- 上記の例から利益も損失も出ない販売数量が明らかになったが、このときの売上高を**損益分岐点**という。
- 営業利益の目標値があるときに、どれだけ売上高や販売数量が必要かを考える際に有効な分析がCVP分析である。

# 第23章 M&Aでの活用

## ① M&A

- M&A（Mergers and Acquisitions）は企業が事業を拡大する戦略を実行するうえで、重要なツールとなっている。
- M&Aは、パーチェス法により会計処理を行い、相手企業を評価することで算定される超過収益力はのれん（goodwill）として処理する。

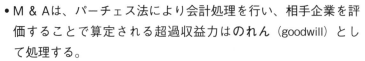

- M&Aは、合併と買収をまとめた用語であり、企業の全部または一部を買い取ることである。
- M&Aは、事業の強化や拡大、新規事業の参入など、企業が成長する際によく用いられ、買収される側の企業にとっても、事業の整理や後継者不足を解決する手段となる。
- 大企業同士の巨額のM&Aもあれば、中小企業を対象として子会社化することを目的とするもの、日本企業同士や外国企業とのM&Aなど、さまざまなパターンがある。
- 会計上、ある企業が他の企業の支配を獲得することは取得といい、**パーチェス法**とよばれる方法で会計処理を行う。
- M&Aを実施する際、買収先企業の財務諸表を基礎として買収金額の決定を行い、M&A実施後は貸借対照表の資産や負債を引き継ぐ。
- 買収する際に相手企業を高く評価し、実質的な価値より高い金額で買収する場合、見えない価値（超過収益力）が算定され、会計上、これを**のれん**とよぶ。

## <パーチェス法の会計処理>

買収を行う企業は次のような手続きで処理を行う。

①買収先企業の貸借対照表の資産と負債を時価で評価する(今の価値を算定する)。

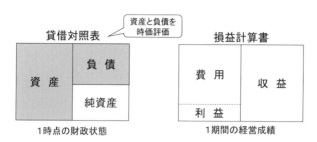

②差額の純資産(実質的な企業価値)をいくらで買収するかを決定する(相手企業のブランド力、優秀な人材、商品の開発力などを考慮して決定する)。

③純資産より高い金額を支払う場合、差額は**のれん**として処理する。

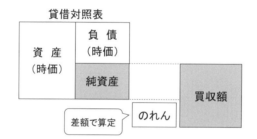

### Memo

#### 日本におけるM&Aの現状

株式会社レコフによると、2024年の日本企業に関するM&Aの件数は公表ベースで4,700件、取引金額で131,333百万米ドルとなっています。外国企業とのM&Aは、件数で見ると全体の約20%ですが、取引金額では全体の約65%を占めています。外国企業とのM&Aは、企業のグローバル化において欠かせない手段になっているといえます。

出典:株式会社レコフ「クロスボーダー M&Aマーケット情報」、https://www.recof.co.jp/crossborder/jp/market_information/(2025年2月24日閲覧)。

# 第23章　M&Aでの活用

## ② のれん

- のれんは、貸借対照表の無形固定資産として計上する。
- のれんは、20年以内の期間にわたり償却を行い、費用化する。

- のれんは、M&Aの際に買収先企業を高く評価することで算定される超過収益力であり、差額で算定される。

## EXAMPLE

期首にある企業を吸収合併し、株式100株（1株3,000円で発行し、全額を資本金とする）を交付しました。合併時の時価が、諸資産450,000円、諸負債180,000円だった場合、この合併によるのれんの額はいくらになるでしょうか。

貸借対照表(時価評価前)

| 諸資産 | 440,000 | 諸負債 | 160,000 |
|---|---|---|---|
|  |  | 純資産 | 280,000 |
|  | 440,000 |  | 440,000 |

合併企業の諸資産と諸負債を時価評価すると、純資産は、450,000－180,000＝230,000円となります。230,000円の企業を交付額300,000円（3,000円×100株）で取得するため、300,000－230,000＝70,000円がのれんとなります。

- のれんは、買収先企業の将来性を評価して算定するため、貸借対照表の資産である。
- ただし、物理的な形がないため、**無形固定資産**に分類される。
- のれんは、主観的な価値によって算定するため、金額が大きくなることもあり、M＆A後の貸借対照表の資産構成に影響を与えることがある。
- M＆Aが盛んな企業の場合、資産の多くをのれんが占めることもある。
- のれんは、使用期間があるわけでもなく、また、M＆Aの効果が永遠に存続するとは限らないため、資産に計上し続けることは、いずれ適正な財政状態を示さなくなる可能性がある。
- そのため、のれんは、20年以内の期間にわたり定期的に**償却**する（費用化する）ことで収益と対応させ、減額する。

> **Memo**
>
> ### のれんはなくならないこともある？
>
> 日本では、のれんを20年以内に償却することで、のれんを計上したとしても必ずいつかゼロになるような仕組みとなっています。しかし、国際財務報告基準（IFRS）では、のれんの価値が下落した際に減損損失として費用計上することを求めており、償却は要求していません。つまり、企業がのれんの価値が減っていると判断しない限り、のれんは無形固定資産として資産に計上され続けるのです。
>
> なお、のれんという用語は、お店の軒先に吊り下げられている布（暖簾）が由来とされています。
>
>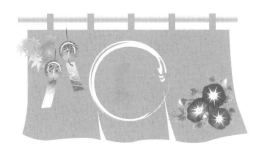

# 第2部付録　簿記の手続きで作成する帳簿

## ＜主要簿＞

仕訳帳…取引の仕訳を記入する帳簿

仕　訳　帳　　　　　　　　1

| 20X1年 | | 摘　　　要 | 元丁 | 借　方 | 貸　方 |
|---|---|---|---|---|---|
| 4 | 1 | （現　金） | 1 | 1,000,000 | |
| | | 　　　（借入金） | 7 | | 1,000,000 |
| | | A銀行より借り入れ | | | |
| | 15 | （仕　入）　　諸口 | 4 | 450,000 | |
| | | 　　　（現　金） | 1 | | 150,000 |
| | | 　　　（買掛金） | 6 | | 300,000 |
| | | B株式会社から仕入れ | | | |

総勘定元帳（元帳）…仕訳帳の内容を勘定科目ごとにまとめた帳簿

総　勘　定　元　帳

現　金　　　　　　　　1

| 20X1年 | | 摘　要 | 仕丁 | 借　方 | 20X1年 | | 摘　要 | 仕丁 | 貸　方 |
|---|---|---|---|---|---|---|---|---|---|
| 4 | 1 | 借入金 | 1 | 1,000,000 | 4 | 15 | 仕入 | 1 | 150,000 |

当　座　預　金　　　　　　　　2

| 4 | 24 | 土地 | 2 | 700,000 | | | | | |
|---|---|---|---|---|---|---|---|---|---|

売　掛　金　　　　　　　　3

| 4 | 17 | 売上 | 1 | 200,000 | | | | | |
|---|---|---|---|---|---|---|---|---|---|

## ＜補助簿＞

現金出納帳…現金に関する取引の詳細を記録する帳簿

現 金 出 納 帳　　　　　　　1

| 20X1年 | | 摘　　要 | 収　入 | 支　出 | 残　高 |
|---|---|---|---|---|---|
| 7 | 1 | 前月繰越 | 500,000 | | 500,000 |
| | 3 | C株式会社から商品仕入れ | | 250,000 | 250,000 |
| | 14 | D株式会社から売掛金を小切手で回収 | 80,000 | | 330,000 |
| | **31** | **次月繰越** | | **330,000** | |
| | | | 580,000 | 580,000 | |
| 8 | 1 | 前月繰越 | 330,000 | | |

当座預金出納帳…当座預金に関する取引の詳細を記録する帳簿

当 座 預 金 出 納 帳　　　　　　　1

| 20X1年 | | 摘　　要 | 預　入 | 引　出 | 借または貸 | 残　高 |
|---|---|---|---|---|---|---|
| 10 | 1 | 前月繰越 | 800,000 | | 借 | 800,000 |
| | 10 | 現金預け入れ | 100,000 | | 〃 | 900,000 |
| | 20 | E株式会社に買掛金支払い | | 400,000 | 〃 | 500,000 |
| | **31** | **次月繰越** | | **500,000** | | |
| | | | 900,000 | 900,000 | | |
| 11 | 1 | 前月繰越 | 500,000 | | 借 | 500,000 |

仕入帳・売上帳…仕入や売上に関する取引の詳細を記録する帳簿（売上帳のみ記載）

### 売 上 帳　　　　1

| 20X1年 | | 摘　要 | | 内　訳 | 金　額 |
|---|---|---|---|---|---|
| 7 | 1 | F株式会社　　　掛け | | | |
| | | 商品X　100個　@¥500 | | | 50,000 |
| | **4** | **F株式会社　　　掛け返品** | | | |
| | | **商品X　10個　@¥500** | | | **5,000** |
| | 20 | G株式会社　　　掛け | | | |
| | | 商品Y　200個　@¥400 | | 80,000 | |
| | | 商品Z　200個　@¥200 | | 40,000 | 120,000 |
| | 31 | 総売上高 | | | 170,000 |
| | 〃 | **売上返品高** | | | **5,000** |
| | | 純売上高 | | | 165,000 |

受取手形記入帳・支払手形記入帳…受取手形や支払手形を用いた取引の詳細を記録する帳簿（受取手形記入帳のみ記載）

### 受 取 手 形 記 入 帳

| 20X1年 | | 摘　要 | 金　額 | 手形種類 | 手形番号 | 支払人 | 振出人または裏書人 | 振出日 | | 満期日 | | 支払場所 | てん末 | | |
|---|---|---|---|---|---|---|---|---|---|---|---|---|---|---|---|
| | | | | | | | | 月 | 日 | 月 | 日 | | 月 | 日 | 摘要 |
| 4 | 1 | 売掛金 | 6,000 | 約手 | 10 | G㈱ | G㈱ | 4 | 1 | 7 | 1 | H銀行 | 7 | 1 | 満期 |

商品有高帳…商品の種類ごとに原価で受入や払出を管理し、残高を把握するための帳簿

商 品 有 高 帳

(先入先出法) 商 品 X

| 20X1年 | | 摘 要 | 受 入 | | | 払 出 | | | 残 高 | | |
|---|---|---|---|---|---|---|---|---|---|---|---|
| | | | 数量 | 単価 | 金 額 | 数量 | 単価 | 金 額 | 数量 | 単価 | 金 額 |
| 6 | 1 | 前月繰越 | 120 | 150 | 18,000 | | | | 120 | 150 | 18,000 |
| | 6 | 仕入 | 230 | 140 | 32,200 | | | | ⌈120 | 150 | 18,000 |
| | | | | | | | | | ⌊230 | 140 | 32,200 |
| | 12 | 売上 | | | | ⌈120 | 150 | 18,000 | | | |
| | | | | | | ⌊ 30 | 140 | 4,200 | 200 | 140 | 28,000 |
| | 18 | 仕入 | 100 | 165 | 16,500 | | | | ⌈200 | 140 | 28,000 |
| | | | | | | | | | ⌊100 | 165 | 16,500 |

小口現金出納帳…小口現金（少額の支払い用に準備する現金）の支払いに関する詳細を記録する帳簿

小 口 現 金 出 納 帳

| 受 入 | 20X1年 | | 摘 要 | 支 払 | 内 訳 | | | |
|---|---|---|---|---|---|---|---|---|
| | | | | | 通信費 | 交通費 | 消耗品 | 雑 費 |
| 40,000 | 4 | 1 | 前月繰越 | | | | | |
| | | 6 | タクシー代 | 8,000 | | 8,000 | | |
| | | 10 | 文房具代 | 500 | | | 500 | |
| | | 12 | お茶代 | 1,500 | | | | 1,500 |
| | | 19 | 電車代 | 1,000 | | 1,000 | | |
| | | 27 | 電話料金 | 20,000 | 20,000 | | | |
| | | | 合計 | 31,000 | 20,000 | 9,000 | 500 | 1,500 |
| 31,000 | | 30 | 本日補給 | | | | | |
| | | 〃 | 次月繰越 | 40,000 | | | | |
| 40,000 | 5 | 1 | 前月繰越 | | | | | |

# ＜試算表＞

試算表…ある時点の各勘定の残高や借方・貸方の合計を１つの表にまと
めたもの

### 残 高 試 算 表
20X1 年 3 月 31 日

| 借　方 | 勘定科目 | 貸　方 |
|---:|:---:|---:|
| 15,000 | 現　　金 | |
| | 借　入　金 | 8,000 |
| | 資　本　金 | 5,000 |
| | 売　　上 | 10,000 |
| 8,000 | 仕　　入 | |
| 23,000 | | 23,000 |

### 合 計 試 算 表
20X1 年 3 月 31 日

| 借　方 | 勘定科目 | 貸　方 |
|---:|:---:|---:|
| 23,000 | 現　　金 | 8,000 |
| | 借　入　金 | 8,000 |
| | 資　本　金 | 5,000 |
| | 売　　上 | 10,000 |
| 8,000 | 仕　　入 | |
| 31,000 | | 31,000 |

### 合 計 残 高 試 算 表
20X1 年 3 月 31 日

| 借　方 | | 勘定科目 | 貸　方 | |
|---:|---:|:---:|---:|---:|
| 残　高 | 合　計 | | 合　計 | 残　高 |
| 15,000 | 23,000 | 現　　金 | 8,000 | |
| | | 借　入　金 | 8,000 | 8,000 |
| | | 資　本　金 | 5,000 | 5,000 |
| | | 売　　上 | 10,000 | 10,000 |
| 8,000 | 8,000 | 仕　　入 | | |
| 23,000 | 31,000 | | 31,000 | 23,000 |

## ＜精算表＞ （8桁精算表のみ記載）

8桁精算表…試算表、決算整理事項、損益計算書、貸借対照表を１つに
　　　　　まとめたもので、決算手続きの全体像を確認するための表

10桁精算表…試算表、決算整理事項、修正後試算表、損益計算書、貸借
　　　　　対照表を１つにまとめたもので、決算手続きの全体像を確
　　　　　認するための表

### 精 算 表
#### 20X1 年 3 月 31 日

| 勘定科目 | 残高試算表 | | 修正記入 | | 損益計算書 | | 貸借対照表 | |
|---|---|---|---|---|---|---|---|---|
| | 借 方 | 貸 方 | 借 方 | 貸 方 | 借 方 | 貸 方 | 借 方 | 貸 方 |
| 現　　　金 | 500 | | | | | | 500 | |
| 売 掛 金 | 5,000 | | | | | | 5,000 | |
| 貸倒引当金 | | 70 | | 30 | | | | 100 |
| 貸 付 金 | 1,000 | | | | | | 1,000 | |
| 繰 越 商 品 | 4,000 | | 2,500 | 4,000 | | | 2,500 | |
| 備　　　品 | 2,000 | | | | | | 2,000 | |
| 減価償却累計額 | | 600 | | 200 | | | | 800 |
| 買 掛 金 | | 3,800 | | | | | | 3,800 |
| 資 本 金 | | 5,000 | | | | | | 5,000 |
| 繰越利益剰余金 | | 500 | | | | | | 500 |
| 売　　　上 | | 37,000 | | | | 37,000 | | |
| 受 取 利 息 | | 30 | | 20 | | 50 | | |
| 仕　　　入 | 28,000 | | 4,000 | 2,500 | 29,500 | | | |
| 給　　　料 | 2,400 | | | | 2,400 | | | |
| 支 払 家 賃 | 3,600 | | | | 3,600 | | | |
| 通 信 費 | 500 | | | | 500 | | | |
| | 47,000 | 47,000 | | | | | | |
| 貸倒引当金繰入 | | | 30 | | 30 | | | |
| 減価償却費 | | | 200 | | 200 | | | |
| 未 収 利 息 | | | 20 | | | | 20 | |
| 当期純利益 | | | | | 820 | | | 820 |
| | | | 6,750 | 6,750 | 37,050 | 37,050 | 11,020 | 11,020 |

# あとがき

　本書では、初学者が開示データをもとに企業を可視化し、その特性を観察するための経営分析の基礎知識を養うことを目的に、専門用語の解説や分析のポイントを取り上げてきました。企業が開示するデータを含んだ情報には、法的に義務づけられているものから、企業の任意によるものまであります。その開示情報の範囲は、財務諸表で示される情報のみならず、サステナビリティに関連する情報にまで広がり続けています。

　本書は企業の開示情報を「会計情報」と捉え、財務諸表で示される情報を分析の根拠とする構成としています。第1部「会計情報を活用する」、第2部「会計情報を形づくる」の2部構成とすることで、財務諸表を読む側と作る側の双方の立場から理解し、分析能力を高めるという狙いがあります。また冒頭には、例えば、ビジネスを担う企業はそもそもどのような存在で、日々の経営活動を行っているのか、企業の開示する情報を適切に入手し、取り扱う方法など分析を始める下準備となる内容を盛り込んでいます。

　企業は経営に欠かせない資金をどのように効果的に投下し、利益獲得につなげるかという課題を抱えビジネスを展開しています。財・サービスや情報があふれる不確実性のある現代には、利益獲得や売上増加は簡単なことではありませんので、経営者は慎重に経営判断を行う必要があります。その判断の根拠となるのが財務諸表を中心とする会計情報です。また企業とつながるステークホルダーにとっても、投資や融資、取引、消費、労働といった形で企業との関わり方を判断するうえで会計情報は役立ちます。

　会計情報の重要性は年々高まる一方、大学教育の現場では会計情報が有する用語の多さや構造の複雑さなどから、初学者が学習意欲を喪失してしまう現象、すなわち「会計離れ」が課題となっています。また会計不正の抑止を目指す倫理醸成の観点や、デジタル・トランスフォーメーション（DX）化に伴うビッグデータや会計情報を適切に入手・分析し、企業戦略立案やビジネス創出に生かす批判的思考と問題解決能力を同時に備えた人材育成が国際社会で求められています。

そういった時代にあって、本書は著者が長年取り組んできた国際共同研究を通じて得た知見を活かし、科研費の挑戦的萌芽研究No. 15K13215、基盤研究（B）No. 17H04571、基盤研究（C）No. 23K01686の支援を受けた研究成果の一部と位置づけられます。企業分析や財務理論を軸に多岐にわたる情報・ニーズを正しく認知し、倫理的行動や意思決定行動に結びつけることができる知識、技術、倫理を同時に実装した人材育成を念頭に、挑戦的試みとして本書の執筆に至りました。本書を通じた教育によって学習者の理解度や学習意欲の変化などをフィードバックしながら、最終的には「若者が現代社会から求められる会計情報のリテラシー（知識や能力など）を着実に実装し、デジタル社会において批判的思考で問題解決をはかる能力を養う」ための教育教材づくりや教育手法開発を目指しています。

　企業がビジネスを展開し、財・サービスを私たちに提供する存在であり続ける限り、誰しも消費者として企業と関わることは避けられないでしょう。よって、企業の利益獲得能力や支払・返済能力をはじめとするさまざまな特性を捉えるための知識や能力を身につけることは、非常に有益なものとなります。また１人の消費者としてだけでなく、読者の皆さんが高度情報人材として養った企業の分析に関する知識や能力は、自身のキャリア形成や生活に役立てることができるでしょうし、投資家や債権者、取引先、経営者、従業員などさまざまな立場で企業とスマートに関わっていく礎になるでしょう。会計情報の有するインパクトやダイナミズムを理解し、情報の利活用能力を育むことがのぞまれます。


2025年３月


齋 藤 雅 子（関西大学）

河合由佳理（駒澤大学）

# 参考文献一覧

（レッスンごとに作成者の五十音順で列挙）

**第1部：**
**レッスン1（第1章～第2章）：**

COSO（2017）Enterprise Risk Management-Integrating with Strategy and Performance.

PwCインサイト「11. 企業内容開示」、https://www.pwc.com/jp/ja/knowledge/guide/ipo-guideline/disclosure.html（2024年7月12日閲覧）。

一般社団法人日本内部監査協会訳（2018）『全社的リスクマネジメント　全社的リスクマネジメントの環境・社会・ガバナンス関連リスクへの適用　エグゼクティブサマリー』、7ページ。

岡崎慎吾（2019）「金融商品取引法に基づく企業情報開示とコーポレートガバナンス」『立法と調査』（11月）、No. 417、119-133ページ。

会社法（第2条第1項、第296条第1項）。

株式会社日本取引所グループ「適時開示制度の概要」、https://www.jpx.co.jp/equities/listing/disclosure/overview/index.html（2024年7月13日閲覧）。

株式会社日本取引所グループ「なるほど！東証経済教室：3-1. 上場会社とは①～上場審査とは～」、https://www.jpx.co.jp/tse-school/learn/03a.html（2024年8月12日閲覧）。

株式会社日本取引所グループ「リスク情報」、https://www.jpx.co.jp/listing/others/risk-info/01.html（2024年7月10日閲覧）。

公益社団法人日本監査役協会ケース・スタディ委員会（2023）『多様化するリスクの把握と監査活動への反映及びその開示』（11月30日）、5ページ、https://www.kansa.or.jp/wp-content/uploads/2023/11/el001_20231130-1.pdf（2024年8月13日閲覧）。

齋藤雅子（2024）『データサイエンティストに求められるビジネスリテラシー──情報がビジネスを生み出し、マネジメントを支え、社会を変える──』、同文舘出版、104、120、126ページ。

財務省関東財務局「企業内容等開示（ディスクロージャー）制度の概要」、https://lfb.mof.go.jp/kantou/disclo/gaiyou.htm（2024年7月13日閲覧）。

小学館デジタル大辞泉「投下」および「投資」、https://kotobank.jp/（2024年8月12

日閲覧）。

小学館　日本大百科全書（ニッポニカ）「企業形態」、https://kotobank.jp/word/企業形態-239813#w-1522593（2024年11月23日閲覧）。

消費者庁（2010）「第38回インターネット消費者取引連絡会　クラウドファンディングサービス『READYFOR』の取組みについて」、https://www.caa.go.jp/policies/policy/consumer_policy/meeting_materials/assets/internet_committee_201013_0008.pdf（2024年11月5日閲覧）。

消費者庁（2023）「令和5年版　消費者白書」、120ページ。

総務省統計局（2014）「平成26年全国消費実態調査」用語の解説、収支項目分類表（財・サービス区分の分類内容）、https://www.stat.go.jp/data/zensho/2014/pdf/kouh03.pdf（2024年7月4日閲覧）。

宝印刷株式会社「決算開示支援」、https://www.takara-print.co.jp/service/disclosure/report.html（2024年7月13日閲覧）。

中小企業庁（2016）『中小企業白書 2016年版』、227ページ、https://www.chusho.meti.go.jp/pamflet/hakusyo/H28/h28/html/b2_4_1_4.html（2024年6月30日閲覧）。

独立行政法人国立印刷局（2022）「会社法法定公告について―公告掲載例―（令和3年度適用版）」、20-21ページ、https://kanpou.npb.go.jp/pdf/s_guide.pdf（2024年7月13日閲覧）。

みずほ証券×一橋大学ファイナンス用語集「財務諸表」、https://glossary.mizuho-sc.com/category/show/59?site_domain=default（2024年8月12日閲覧）。


## レッスン2（第3章～第5章）：

Forester, T., & Morrison, P.（1990）*Computer Ethics : Cautionary Tales and Ethical Dilemmas in Computing*, Blackwell Publishers.

Green, C. H.（2005）*Trust-Based Selling*, McGraw-Hill.

Green, C. H., & Howe, A. P.（2011）*The Trusted Advisor Fieldbook : A Comprehensive Toolkit for Leading with Trust*, Wiley.

Hovland, C. I., & Weiss, W.（1951）The Influence of Source Credibility on Communication Effectiveness, *Public Opinion Quarterly*, Vol. 15 No. 4, pp.635-650.

Hovland, C. I., Janis, I. L., & Kelley, J. J.（1953）*Communication and Persuasion*, New Haven, CT : Yale University Press.

KPMG（2024）「四半期開示の見直しの概要」、https://kpmg.com/jp/ja/home/insights/2024/05/accounting-ppa.html（2024年9月16日閲覧）。

Maister, D. H., Green, C. H., & Galford, R. M.（2012）*The Trusted Advisor：20th Anniversary Edition*, Free Press.

OECD（2013）Exploring Data-Driven Innovation as a New Source of Growth：Mapping the Policy Issues Raised by "Big Data", *OECD Digital Economy Papers*, No. 222, p.11（2013-06-18）, OECD Publishing, Paris, http://dx.doi.org/10.1787/5k47zw 3 fcp43-en（2023年10月24日閲覧）.

伊藤穣（2009）「情報倫理教育における情報倫理の枠組の規定」『跡見学園女子大学文学部紀要』第42号、51-63ページ。

越智貢（2000）「『情報モラル』の教育」越智貢・土屋俊・水谷雅彦編『情報倫理学──電子ネットワーク社会のエチカ──』、ナカニシヤ出版。

会社法（第435条第2項、第442条第1項、会社計算規則第59条第1項）。

株式会社日本取引所グループ「用語集」発行市場、流通市場、https://www.jpx.co.jp/glossary/index.html（2024年9月16日閲覧）。

株式会社富士通ラーニングメディア（2023）『改訂4版　情報モラル＆情報セキュリティ』、FOM出版。

企業内容等の開示に関する内閣府令（第15条）。

金融商品取引法（第24条、第24条第1項、第193条、第193条の2）。

金融庁（2022）「EDINETについて」（11月15日更新）、https://www.fsa.go.jp/search/20130917.html（2024年9月11日閲覧）。

金融庁（2024a）「『連結財務諸表の用語、様式及び作成方法に関する規則に規定する金融庁長官が定める企業会計の基準を指定する件』等の改正について」（2月8日）、https://www.fsa.go.jp/news/r5/sonota/20240208/20240208.html（2024年9月15日閲覧）。

金融庁（2024b）「令和5年度有価証券報告書レビューの審査結果及び審査結果を踏まえた留意すべき事項等」（3月29日）、7ページ、https://www.fsa.go.jp/news/r5/sonota/20240329-9/01.pdf（2024年9月15日閲覧）。

金融庁　EDINET、https://disclosure2.edinet-fsa.go.jp/WEEK0010.aspx（2024年9月12日閲覧）。

金融庁総務企画局「社債等を発行する場合の金融商品取引法の開示規制について」、https://www.fsa.go.jp/common/about/pamphlet/kaijikisoku.pdf（2024年9月16

日閲覧）。

金融庁ディスクロージャーワーキング・グループ（2022）「金融審議会ディスクロージャーワーキング・グループ報告」（12月27日）。

公益社団法人私立大学情報教育協会（1995）「情報処理概論」、https://www.juce.jp/LINK/report/rinri/mokuji.htm（2024年3月1日閲覧）。

齋藤雅子（2011）『ビジネス会計を楽しく学ぶ』、中央経済社。

齋藤雅子（2024）『データサイエンティストに求められるビジネスリテラシー──情報がビジネスを生み出し、マネジメントを支え、社会を変える──』、同文舘出版、69ページ。

財務省四国財務局「企業内容等開示制度の概要（有価証券届出書、有価証券報告書、有価証券通知書）」、https://lfb.mof.go.jp/shikoku/disclosure/institution/summary.html（2024年9月16日閲覧）。

小学館デジタル大辞泉「情報リテラシー」、https://kotobank.jp/word/情報リテラシー-3155725（2024年10月31日閲覧）。

総務省（2017）「平成29年版　情報通信白書」、53ページ、https://www.soumu.go.jp/johotsusintokei/whitepaper/ja/h29/pdf/n2100000.pdf（2023年10月24日閲覧）。

総務省（2023）『令和5年版　情報通信白書』、41-43ページ。

ソニーグループ株式会社「有価証券報告書」（2023年度版）、https://www.sony.com/ja/SonyInfo/IR/library/yu.html（2024年9月14日閲覧）。

髙橋慈子・原田隆史・佐藤翔・岡部晋典（2020）『【改訂新版】情報倫理──ネット時代のソーシャル・リテラシー』、技術評論社、33-34ページ。

鞆大輔、矢野芳人（2024）『学生時代に学びたい情報倫理　改訂版』、共立出版、1-24ページ。

日本教育工学会監修、稲垣忠・中橋雄編著（2017）『情報教育・情報モラル教育』、ミネルヴァ書房。

藤野大輝（2025）「有価証券報告書の総会前開示に関する論点整理」『企業会計』、Vol.77 No.4、90-96ページ。

水田正弘（2009）「データから得られる情報・知識・知恵」数理システム　ユーザーコンファレンス2009、https://www.msi.co.jp/event/file/09mizuta.pdf（2024年10月22日閲覧）。

文部科学省（2009）「『教育の情報化に関する手引』作成検討会（第4回）配付資料『教育の情報化に関する手引』検討案　第5章　情報モラル教育」、https://www.

mext.go.jp/b_menu/shingi/chousa/shotou/056/shiryo/attach/1249674.htm
（2024年10月12日閲覧）。

楽天グループ株式会社「投資家情報」、https://corp.rakuten.co.jp/（2024年9月17日
閲覧）。

## レッスン3（第6章〜第11章）：

石川博之（2020）「サステイナブル成長率を考える」『日本証券アナリストジャーナ
ル』、45ページ、https://www.saa.or.jp/dc/sale/apps/journal/JournalShowDetail.
do?goDownload=&itmNo=37193（2024年11月16日閲覧）※1。

石島洋一（2014）『60分図解トレーニング　経営分析』、PHP研究所。

株式会社不動産流通研究所「不動産用語集（断面図）」、https://www.re-words.net/
yougo/3642/（2024年11月1日閲覧）。

國貞克則（2016）『書いてマスター！　財務3表・実践ドリル』、日本経済新聞出版
社。

公益財団法人日本生産性本部（2023）「労働生産性の国際比較2023」、1ページ、
https://www.jpc-net.jp/research/detail/006714.html（2024年11月15日閲覧）。

齋藤雅子（2011）『ビジネス会計を楽しく学ぶ』、中央経済社。

桜井久勝（2024）『財務諸表分析（第9版）』、中央経済社。

野村證券株式会社「証券用語解説集」、https://www.nomura.co.jp/terms/（2024年11
月16日閲覧）※2。

平松一夫・井上浩一・山地範明編著（2009）『事例でわかる企業分析』、東京経済情報
出版。

三井住友DSアセットマネジメント株式会社「わかりやすい用語集」、https://www.
smd-am.co.jp/glossary/（2024年11月16日閲覧）※3。

## レッスン4（第12章〜第13章）：

LINEヤフー株式会社「有価証券報告書」（2023年度）、https://www.lycorp.co.jp/ja/ir/
library/securities.html（2024年11月20日閲覧）。

PRI「責任投資原則—国連環境計画・金融イニシアティブ（UNEP FI）と国連グローバ
ル・コンパクトと連携した投資家イニシアティブ」、https://www.unpri.org/
download?ac=14736（2024年11月12日閲覧）。

PRI stewardship、https://www.unpri.org/investment-tools/stewardshi（2024年11月

12日閲覧）。

株式会社ZOZO「コーポレートガバナンス体制」、https://corp.zozo.com/sustainability/governance/（2025年2月20日閲覧）。

株式会社かんぽ生命保険「責任投資レポート」（2023年度）、49ページ（2024年11月18日閲覧）。

株式会社みずほフィナンシャルグループ「スチュワードシップ責任とESG投資への取り組み」、https://www.mizuho-fg.co.jp/csr/business/investment/stewardship/index.html（2024年11月18日閲覧）。

企業会計基準委員会（2010）企業会計基準第17号「セグメント情報等の開示に関する会計基準」（最終改正：平成22年6月30日）。

金融庁（2020）「『責任ある機関投資家』の諸原則≪日本版スチュワードシップ・コード≫～投資と対話を通じて企業の持続的成長を促すために～」、https://www.fsa.go.jp/news/r1/singi/20200324/01.pdf（2024年10月5日閲覧）。

金融庁（2024c）「スチュワードシップ・コードの受入れを表明した機関投資家のリストの公表について（令和6年12月31日時点）」、https://www.fsa.go.jp/singi/stewardship/list/20171225.html（2024年10月5日閲覧）。

金融庁（2024d）「コーポレート・ガバナンス改革の実践に向けたアクション・プログラム2024」（6月7日）、https://www.fsa.go.jp/news/r5/singi/20240607.html（2024年11月5日閲覧）。

田原英俊（PwCグループ）（2022）「サステナビリティ情報開示の動向」『PwC'sView』Vol. 38(5月)、6-10ページ。

東京証券取引所（2021）「改訂コーポレートガバナンス・コードの公表」（6月11日）、https://www.jpx.co.jp/news/1020/20210611-01.html（2024年10月8日閲覧）。

楽天グループ株式会社「有価証券報告書」（2019～2023年度）、https://corp.rakuten.co.jp/investors/documents/asr.html（2024年11月20日閲覧）。

## 第1部付録

一般社団法人日本自動車工業会「販売台数統計（四輪）」、https://jamaserv.jama.or.jp/newdb/sales4/sales4TsMkEntry.html（2025年2月27日閲覧）。

株式会社日本政策投資銀行設備投資研究所編集（2025）『2024年版 産業別財務データハンドブック』株式会社日本経済研究所発行、210ページ。

キヤノン株式会社「投資家情報」（2024年10月24日更新）、https://global.canon/ja/ir/

finance/cash-flows.html（2024年11月10日閲覧）。

トヨタ自動車株式会社「有価証券報告書・半期報告書」（2019～2023年度）、https://global.toyota/jp/ir/library/securities-report/https://global.canon/ja/ir/finance/cash-flows.html（2025年2月27日閲覧）。

富士通株式会社「有価証券報告書」（2023年度）、https://pr.fujitsu.com/jp/ir/secre-ports/2024/pdf/02.pdf（2025年2月20日閲覧）。


**第2部：**

**レッスン5（第14章～第17章）：**

大阪商工会議所・施行商工会議所「ビジネス会計検定試験　試験結果・受験者データ」、https://www.b-accounting.jp/about/data.html（2025年2月23日閲覧）。

会社法（第461条）。

企業会計基準委員会（2005）企業会計基準第5号「貸借対照表の純資産の部の表示に関する会計基準」（最終改正：2021年1月28日）。

企業会計基準委員会（2006a）討議資料「財務会計の概念フレームワーク」。

企業会計基準委員会（2018）企業会計基準第29号「収益認識に関する会計基準」（最終改正：2020年3月31日）。

企業会計審議会（1949）「企業会計原則・企業会計原則注解」。

企業会計審議会（1998）「連結キャッシュ・フロー計算書等の作成基準の設定に関する意見書」。

企業会計審議会（1999）企業会計基準第10号「金融商品に関する会計基準」（最終改正：平成19年6月15日　企業会計基準委員会）。

経済産業省（2014）「持続的成長への競争力とインセンティブ～企業と投資家の望ましい関係構築～」プロジェクト（伊藤レポート）。

日本商工会議所・各地商工会議所「簿記　受験者データ」、https://www.kentei.ne.jp/bookkeeping/candidate-data（2025年2月23日閲覧）。

渡邉泉（2008）『歴史から学ぶ会計』、同文舘出版。


**レッスン6（第18章～第19章）：**

企業会計基準委員会（2006b）企業会計基準第9号「棚卸資産の評価に関する会計基準」（最終改正：2019年7月4日）。

企業会計審議会（1949）「企業会計原則・企業会計原則注解」。

日本公認会計士協会（2024）経営研究調査会研究資料第11号「上場会社等における会計不正の動向（2024年版）」、4ページ、https://jicpa.or.jp/specialized_field/files/2-3-10-2-20240716.pdf（2024年11月25日閲覧）。

## レッスン7（第20章〜第21章）：

IFRS "About the International Accounting Standards Board（IASB）", https://www.ifrs.org/groups/international-accounting-standards-board/（2024年11月25日閲覧）.

International Accounting Standards Board（2024）IFRS18 "Presentation and Disclosure in Financial Statements".

会社法（第299条、第431条、第435条、第444条、第461条、会社計算規則第3条）。

株式会社日本取引所グループ「IFRS適用済・適用決定会社数（2024年10月末現在）」、https://www.jpx.co.jp/equities/improvements/ifrs/02.html（2024年11月25日閲覧）。

企業会計基準委員会「ASSET-ASBJ」、https://www.asb-j.jp/jp/accounting_standards_system.html（2024年11月25日閲覧）。

企業会計基準委員会「企業会計基準」、https://www.asb-j.jp/jp/accounting_standards.html（2024年11月25日閲覧）。

企業会計審議会（2009）「我が国における国際会計基準の取扱いについて（中間報告）」。

金融商品取引法（第5条、第24条、第193条の2）。

金融庁（2023）「金融商品取引法等の一部を改正する法律案要綱」、https://www.fsa.go.jp/common/diet/212/01/youkou.pdf（2024年11月25日閲覧）。

中小企業の会計に関する検討会（2012）「中小企業の会計に関する基本要領」。

日本公認会計士協会「公認会計士監査とは」、https://jicpa.or.jp/cpainfo/introduction/about/work/audit.html（2024年11月25日閲覧）。

日本公認会計士協会「公認会計士の仕事内容」、https://jicpa.or.jp/cpainfo/introduction/about/work/（2024年11月25日閲覧）。

日本公認会計士協会「日本の監査制度」、https://jicpa.or.jp/cpainfo/introduction/organization/jpaudit/（2024年11月25日閲覧）。

日本税理士会連合会「主な業務内容」、https://www.nichizeiren.or.jp/prospects_job/work/（2024年11月25日閲覧）。

日本税理士会連合会、日本公認会計士協会、日本商工会議所、企業会計基準委員会

（2005）「中小企業の会計に関する指針」（最終改正：平成31年 2 月27日）。

## レッスン 8 （第22章〜第23章）：

International Accounting Standards Board（2020）Discussion Paper "Business Combinations-Disclosures, Goodwill and Impairment".

International Accounting Standards Board（2024）IFRS3 "Business Combinations".

株式会社レコフ「クロスボーダー M&Aマーケット情報」、https://www.recof.co.jp/crossborder/jp/market_information/（2025年 2 月24日閲覧）。

企業会計審議会（1962）「原価計算基準」。

企業会計審議会（2003）企業会計基準第21号「企業結合に関する会計基準」（最終改正：平成31年 1 月16日　企業会計基準委員会）。

# 日本語索引

## 数字

| | |
|---|---|
| 1株当たり利益（EPS） | 80 |
| 1年基準 | 28 |

## あ

| | |
|---|---|
| アカウンタビリティ | 12, 161 |
| 安全性 | 52, 60 |
| 安全性分析 | 53, 60 |
| イーエスジー | 94 |
| イービットディーエー | 88 |
| 一定期間 | 26 |
| 一定時点 | 28 |
| 一般に公正妥当と認められる | |
| 　企業会計の基準 | 168 |
| インタレスト・カバレッジ・レシオ | 68 |
| インフォメーション・エシックス | 44 |
| 売上 | 134 |
| 売上原価 | 56, 135, 151, 152 |
| 売上原価率 | 85 |
| 売上債権回転期間 | 76 |
| 売上債権回転率 | 76 |
| 売上総利益 | 27 |
| 売上総利益率 | 57 |
| 売上高 | 56, 85 |
| 売上高営業CF比率 | 74 |
| 売上高営業利益率 | 56, 57, 85 |
| 売上高経常利益率 | 57 |
| 売上高成長率 | 58 |
| 売上高当期純利益率 | 57 |
| 売上高利益率 | 67 |
| 営業外収益 | 130 |
| 営業外費用 | 132 |

| | |
|---|---|
| 営業活動 | 6, 104 |
| 営業活動によるキャッシュ・フロー | |
| 　（営業CF） | 30, 33, 70, 72 |
| 営業循環 | 29 |
| 営業利益 | 27, 68, 74, 85, 171 |
| 営業利益成長率 | 58 |
| 益金 | 167 |

## か

| | |
|---|---|
| 会計基準 | 24 |
| 会計公準 | 25 |
| 会計情報 | 24 |
| 会計責任 | 161 |
| 会社法 | 4, 12, 14, 18, 24, 160 |
| 会社法会計 | 160 |
| 回転期間 | 76 |
| 回転率 | 76 |
| 外部監査 | 165 |
| 家計 | 20 |
| 加算法 | 78 |
| 貸方 | 113 |
| 課税所得 | 166 |
| 合併 | 178 |
| ガバナンス | 91, 94 |
| 株価収益率（PER） | 80 |
| 株式会社 | 4, 18 |
| 株主 | 18, 160 |
| 株主総会 | 18, 161 |
| 株主の保護 | 160 |
| 貨幣的測定の公準 | 25 |
| 借方 | 113 |
| 環境 | 94 |
| 監査 | 164 |
| 監査意見 | 164 |
| 監査報告書 | 34, 164 |
| 監査法人 | 34 |

201

| | |
|---|---|
| 勘定 ……………………………… 112 | 金利、税金、減価償却、無形固定資産の |
| 勘定科目 …………………………… 112 | 償却を控除する前の利益 …………… 88 |
| 勘定記入 …………………………… 119 | |
| 間接金融 …………………………… 8 | クラウドファンディング …………… 9 |
| 間接法 …………………………… 31, 72 | 繰越商品 …………………………… 151 |
| 管理会計 …………………………… 174 | 繰越利益剰余金 ……………… 110, 129 |
| | 黒字倒産 …………………………… 70 |
| 期間損益計算 …………………… 106, 136 | クロスセクション ………………… 55 |
| 機関投資家 ………………………… 92 | クロスセクション分析 ………… 54, 84 |
| 企業 …………………………… 4, 20 | |
| 企業会計基準委員会（ASBJ）…… 161, 168 | 経営資源 …………………………… 5 |
| 企業会計審議会 …………………… 168 | 経営者 ……………………………… 16 |
| 企業実体の公準 …………………… 25 | 経営成績 …………………………… 108 |
| 企業情報 …………………………… 34 | 経過勘定項目 ……………………… 148 |
| 企業情報の開示 …………………… 12 | 経済 ………………………………… 20 |
| 企業統治 …………………………… 90 | 経済主体 …………………………… 20 |
| 企業特性 …………………………… 52 | 計算書類 ………………………… 24, 161 |
| 企業内容等開示 …………………… 14 | 計算書類等 ………………………… 24 |
| 企業内容等の開示に関する内閣府令 … 34 | 経常利益 …………………………… 27 |
| 企業の安全性 …………………… 66, 68 | 継続企業の公準 …………………… 25 |
| 企業のキャッシュの出入り ……… 30 | 経費 ………………………………… 175 |
| 企業の経営活動 …………………… 6 | 経理の状況 ………………………… 34 |
| 企業の経営上生じるリスク ……… 10 | 決算公告 …………………………… 14 |
| 企業の経営成績 …………………… 26 | 決算書 ……………………………… 24 |
| 企業の効率性 ……………………… 76 | 決算整理 …………………………… 141 |
| 企業の財政状況 …………………… 28 | 決算整理後残高試算表 …………… 141 |
| 企業の資金調達 …………………… 8 | 決算整理事項 ……………………… 143 |
| 企業の社会的責任（CSR）………… 4 | 決算整理仕訳 ……………………… 143 |
| 企業の成長性 …………………… 64, 80 | 決算整理前残高試算表 …………… 141 |
| 企業の総合的な収益性 …………… 66 | 決算短信 …………………………… 14 |
| 基準年度 ………………………… 58, 64 | 決算日 …………………………… 28, 140 |
| キャッシュ・フロー ………… 30, 74, 88 | 原価 …………………………… 134, 174 |
| キャッシュ・フロー計算書（C/F） | 原価管理 …………………………… 174 |
| ……………… 24, 30, 32, 70, 74, 105 | 原価計算 …………………………… 174 |
| キャッシュ・フロー分析 ………… 71 | 減価償却 ………………… 75, 155, 156 |
| 強制開示 …………………………… 12 | 減価償却費 …………… 74, 88, 155, 156 |
| 金融資本市場 ……………………… 8 | 減価償却累計額 …………………… 155 |
| 金融商品取引所 …………………… 12 | 現金・現金同等物期末残高 ……… 33 |
| 金融商品取引法（金商法） | 現金主義 …………………………… 137 |
| ……………… 12, 14, 24, 34, 162 | 現金同等物 ………………………… 31 |
| 金融庁 ……………………………… 38 | 現金預金 …………………………… 33 |

原材料 …………………………………… 151
減損損失 …………………………………… 133

合計残高試算表 …………………………… 121
合計試算表 ………………………………… 121
貢献利益 …………………………………… 176
控除法 ……………………………………… 78
公認会計士 …………………………… 34, 164
効率性 ……………………………………… 52
効率性分析 ………………………………… 53
コーポレート・ガバナンス（CG）… 35, 90
コーポレート・ガバナンス体制 ………… 91
コーポレートガバナンス・コード ……… 90
コーポレートサイト ……………………… 40
子会社・関連会社株式 …………………… 125
国際会計基準審議会 ……………………… 169
国際財務報告基準（IFRS）……… 169, 170
国内総生産（GDP）……………………… 20
誤情報 ……………………………………… 46
固定資産回転期間 ………………………… 76
固定資産回転率 …………………………… 76
固定長期適合率 …………………………… 62
固定費 ……………………………………… 176
固定比率 …………………………………… 62
個別原価計算 ……………………………… 175
コンバージェンス ………………………… 168
コンピュータ・エシックス ……………… 44

### さ

財・サービス ……………………………… 20
債権者 ………………………………… 16, 160
財政状態 …………………………………… 108
財務及び法人所得税前利益 ……………… 171
財務会計 …………………………………… 174
財務活動 ……………………………… 6, 104
財務活動によるキャッシュ・フロー
　（財務 CF）………………………… 30, 72
財務三表 ……………………………… 32, 107
財務指標 …………………………………… 52
財務諸表 …………………… 24, 35, 105, 162
財務報告 …………………………………… 24

財務レバレッジ …………………………… 67
材料費 ……………………………………… 175
サステナビリティ ………………… 35, 92, 94
サステナビリティ経営 …………………… 94
サステナビリティ情報 …………………… 94
サステナビリティ情報開示 ……………… 95
サステナビリティ報告書 ………………… 95
サステナブル成長率 ……………………… 80
残存価額 …………………………………… 156
残高 ………………………………………… 115
残高試算表 ………………………………… 121
三分法 ………………………………… 135, 150

仕入 ………………………………………… 134
仕入債務回転期間 ………………………… 76
仕入債務回転率 …………………………… 76
時価 ………………………………………… 133
仕掛品 ……………………………………… 151
私企業 ……………………………………… 4
次期繰越 …………………………………… 145
事業セグメント …………………………… 86
資金回収 …………………………………… 6
資金供給者 ………………………………… 9
資金需要者 ………………………………… 9
資金調達 …………………………………… 6
資金投下 …………………………………… 6
資金の循環 ………………………………… 6
時系列分析 ………………………………… 54
自己資本 …………………………………… 62
自己資本比率 ……………………………… 62
自己資本利益率（ROE）…………… 66, 80
資産 …………………………………… 28, 124
試算表 ……………………………………… 121
持続可能性 ………………………………… 94
実現主義 …………………………………… 136
実際原価計算 ……………………………… 175
自発的開示 ………………………………… 12
四半期決算短信 …………………………… 37
四半期報告書制度 ………………………… 37
締め切り …………………………………… 144
社会 ………………………………………… 94

203

| | |
|---|---|
| 社内留保 …………………………… 129 | 成長性 ……………………………… 52, 58 |
| 収益 ……………………… 26, 56, 130 | 成長性分析 ………………… 53, 58, 64 |
| 収益性 …………… 52, 56, 78, 80, 84 | 税引前当期純利益 ……………… 27, 33 |
| 収益性分析 …………………… 53, 56 | 製品 ………………………………… 151 |
| 従業員 ……………………………… 16 | 政府 …………………………… 16, 20 |
| 取得原価 ……………… 133, 154, 156 | 税務会計 …………………………… 167 |
| 主要簿 ……………………………… 120 | 税理士 ……………………………… 167 |
| 純資産 ………………… 28, 62, 128 | 責任投資 …………………………… 92 |
| 純資産成長率 ……………………… 64 | 責任投資原則（PRI）…………… 92 |
| 償却 ………………………………… 181 | セグメント情報 …………………… 86 |
| 上場 …………………………… 18, 162 | 前期繰越 …………………………… 145 |
| 上場会社 …………………… 19, 34 | 全社的リスクマネジメント（ERM）…… 10 |
| 上場のデメリット ………………… 19 | |
| 上場のメリット …………………… 19 | 総勘定元帳 ………………………… 120 |
| 消費者 ……………………………… 16 | 総合原価計算 ……………………… 175 |
| 商品 ………………………………… 151 | 総資産回転期間 …………………… 76 |
| 情報 ………………………………… 5, 42 | 総資産回転率（TAT）…………… 76 |
| 情報拡散 …………………………… 47 | 総資産成長率 ……………………… 64 |
| 情報源の信憑性 …………………… 48 | 総資産利益率（ROA）…………… 66 |
| 情報の信頼性 ……………………… 48 | 総資本回転率 ……………………… 67 |
| 情報の特性 ………………………… 42 | 総資本利益率（ROI）…………… 66 |
| 情報モラル ………………………… 44 | 総務省 ……………………………… 43 |
| 情報リテラシー …………………… 48 | ソーシャルネットワーキングサービス |
| 情報倫理 …………………………… 44 | （SNS）…………………………… 46 |
| 剰余金 ……………………………… 128 | その他有価証券 …………………… 125 |
| 剰余金の処分 ……………………… 129 | 損益計算書（P/L） |
| 仕訳 ………………………………… 118 | ……… 24, 26, 32, 56, 58, 74, 105, 109 |
| 仕訳帳 ……………………………… 120 | 損益分岐点 ………………………… 177 |
| 新株予約権 ………………………… 62 | 損金 ………………………………… 167 |
| 信頼の方程式 ……………………… 49 | |

| た |
|---|

| | |
|---|---|
| スチュワードシップ ……………… 93 | 貸借一致の原則 …………………… 28 |
| スチュワードシップ・コード ………… 92 | 貸借対照表（B/S） |
| スチュワードシップ責任 ……………… 92 | …… 24, 28, 32, 60, 62, 64, 74, 105, 108 |
| ステークホルダー ………… 16, 40, 94 | 対象年度 …………………………… 58, 64 |
| | 耐用年数 …………………………… 156 |
| 生産性 ……………………………… 78 | ダイレクト・リスティング …………… 19 |
| 生産性分析 ………………………… 53 | 他社比較分析 ……………………… 84 |
| 精算表 ……………………………… 146 | 棚卸資産 …………………………… 151 |
| 正常営業循環基準 ………………… 28 | 棚卸資産回転期間 ………………… 76 |
| 製造原価 …………………………… 175 | 棚卸資産回転率 …………………… 76 |

| | |
|---|---|
| 短期の安全性 ……………………… 60 | 特別利益 ……………………………… 130 |
| 単表分析 …………………………… 66 | 匿名性 ………………………………… 47 |
| | 取引 ………………………………… 112 |
| 地域セグメント …………………… 86 | 取引先 ………………………………… 16 |

## な

| | |
|---|---|
| 知識 ………………………………… 42 | 内部監査 …………………………… 165 |
| 知能 ………………………………… 42 | 内部留保率 …………………………… 80 |
| 注記 ………………………………… 155 | |
| 中小企業 …………………………… 169 | 偽情報 ………………………………… 46 |
| 中小企業の会計に関する基本要領 …… 169 | 日商簿記検定試験 ………………… 123 |
| 中小企業の会計に関する指針 ……… 169 | 日本版スチュワードシップ・コード … 92 |
| 長期の安全性 ……………………… 62 | 任意開示 ……………………………… 12 |
| 帳簿価額 …………………………… 155 | |
| 帳簿の締め切り …………………… 141 | 伸びの測定 …………………………… 58 |
| 直接金融 …………………………… 8 | のれん ………………………… 178, 180 |
| 直接上場 …………………………… 19 | |

## は

| | |
|---|---|
| 直接法 …………………………… 31, 72 | パーチェス法 ……………………… 178 |
| | 売価 ………………………………… 134 |
| ディープフェイク ………………… 46 | 買収 ………………………………… 178 |
| 定額法 …………………………… 75, 156 | 配当 ………………………………… 129 |
| ディスクロージャー …………… 14, 162 | 売買目的有価証券 ………………… 125 |
| 定率法 ……………………………… 75 | 発行市場 ………………………… 37, 162 |
| データ ……………………………… 42 | 発生主義 …………………………… 136 |
| 適時開示 …………………………… 12 | 販管費率 ……………………………… 85 |
| デフォルト・リスク ……………… 60 | 半期報告書 …………………… 14, 36, 163 |
| デマ情報 …………………………… 46 | 販売費及び一般管理費 …………… 56, 132 |
| 手元流動性 ……………………… 60, 68 | |
| 手元流動性比率 …………………… 68 | 引当金 ……………………………… 126 |
| 転記 ………………………………… 119 | 非財務情報 …………………………… 94 |
| | ビジネス会計検定 ………………… 123 |
| 当期 ………………………………… 107 | 非支配株主持分 ……………………… 62 |
| 当期純損益 ………………………… 109 | ビッグデータ …………………… 42, 43 |
| 当期純利益 …………………… 27, 33, 171 | 百分比損益計算書 …………………… 56 |
| 当座比率 …………………………… 60 | 費用 ……………………………… 26, 56 |
| 倒産リスク ………………………… 60 | 評価 ………………………………… 133 |
| 投資 ………………………………… 7 | 費用収益対応の原則 ……………… 157 |
| 投資家 …………………………… 9, 16, 18 | 標準原価計算 ……………………… 175 |
| 投資活動 ………………………… 6, 104 | 費用配分 ………………………… 151, 156 |
| 投資活動によるキャッシュ・フロー | 非流動資産 ………………………… 170 |
| （投資 CF）……………… 30, 70, 72 | |
| 投資家保護 ………………………… 162 | |
| 特別損失 …………………………… 132 | |

205

| | |
|---|---|
| 非流動負債 ……………………… 170 | 無借金経営 …………………… 127 |
| | 持ち合い株式 ………………… 125 |
| ファクトチェック ……………… 46 | 元帳 …………………………… 120 |
| フィンテック …………………… 9 | 文部科学省 …………………… 44 |
| フェイク情報 …………………… 46 | |

や

| | |
|---|---|
| 付加価値 ………………………… 78 | 有価証券 ……………………… 125 |
| 付加価値額 ……………………… 78 | 有価証券通知書 ………………… 36 |
| 複式簿記 ……………………… 105 | 有価証券届出書 ……… 14, 36, 38, 162 |
| 複表分析 ………………………… 66 | 有価証券報告書（有報）… 14, 34, 38, 162 |
| 負債 ……………………… 28, 126 | 有形固定資産 ………………… 154 |
| 負債比率 ………………………… 62 | 有限責任 ……………………… 160 |
| 付随費用 ……………………… 154 | 有利子負債 ……………… 74, 126 |
| 附属明細表 …………………… 155 | |

ら

フリー・キャッシュ・フロー（フリーCF）
……………………………… 70, 74

| | |
|---|---|
| 振替 …………………………… 145 | 利益 …………………………… 26 |
| 粉飾決算 ……………………… 143 | 利益の減少要因 ………………… 56 |
| | 利益の増加要因 ………………… 56 |
| 変動費 ………………………… 176 | 利害関係者 …………………… 106 |
| | 利害調整 ……………………… 160 |
| 報告セグメント ………………… 86 | 履行義務の充足 ……………… 131 |

法人税、住民税及び事業税（法人税等）
……………………………… 166

| | |
|---|---|
| 法定開示 ………………………… 12 | リスク・アプローチ ………… 164 |
| 法定公告 ………………………… 14 | リスクコントロール …………… 11 |
| 法定実効税率 ………………… 166 | 流通市場 ………………… 37, 162 |
| 簿記 …………………………… 104 | 流動比率 ………………………… 60 |
| 補助簿 ………………………… 122 | 留保利益 ……………………… 129 |

ま

| | |
|---|---|
| | 連結財務諸表 …………… 35, 163, 169 |
| マネジメント・アプローチ …… 86 | 連結貸借対照表 ………………… 62 |
| 満期保有目的の債券 ………… 125 | |
| | 労働生産性 ……………………… 78 |
| 未処理事項 …………………… 142 | 労働分配率 ……………………… 79 |
| | 労務費 ………………………… 175 |

わ

| | |
|---|---|
| 無形固定資産 ………………… 181 | ワンイヤー・ルール …………… 28 |
| 無限定適正意見 ……………… 165 | |

206

# 英語索引

## A

accounting information ·················· 24
accounting standards ············· 24, 168
accrual accounting ······················ 136
accumulated depreciation ············· 155
acquisition cost ························· 154
added value ······························ 78
ASBJ（Accounting Standards Board of
　Japan）····················· 161, 168
assets ································· 28
audit ································· 164

## B

balance ································· 114
Balance Sheet（B/S）
　····· 24, 28, 32, 60, 62, 64, 74, 105, 108
bankruptcy risk ························ 60
Big Data ···························· 42, 43
Black-ink bankruptcy ···················· 71
book value ····························· 155
bookkeeping ···························· 104
business enterprise ···················· 4, 20

## C

cash accounting ························· 136
Cash Flow（CF）·············· 30, 74, 88
Cash Flow Statement（C/F）
　···················· 24, 30, 32, 70, 74, 105
certified public accountant ········ 34, 164
certified public tax accountant ··· 166, 167
CF 有利子負債倍率 ····················· 74
CG 情報 ································· 90
Charles H Green's Trust Equation ····· 49
computer ethics ························ 44
Corporate Governance（CG）········ 35, 90

COSO ································· 10
cost accounting ························· 174
cost of sales ··························· 152
credibility ····························· 48
Credit ································· 113
cross section ··························· 55
cross section analysis ·············· 54, 84
CSR（Corporate Social Responsibility）··· 4
CVP（Cost Volume Profit）分析 ······ 176

## D

Debit ································· 113
debt ratio ····························· 62
default risk ··························· 60
depreciation ··························· 154
dividends ····························· 129
double-entry bookkeeping ············· 105

## E

EBITDA（Earnings Before Interest
　Taxes Depreciation Amortization）··· 88
EBITDA マージン ······················ 88
economic unit ························· 20
EDINET ···························· 34, 38
efficiency ····························· 52
Environment ··························· 94
EPS（Earnings Per Share）············· 80
ERM（Enterprise Risk Management）
　····································· 10
ESG ································· 94
ESG 投資 ······························ 94
ESG 要因 ······························ 92
expertise ····························· 48

207

## F

fact check ·················· 46
financial position ·············· 108
financial ratio ··············· 52
financial reporting ·············· 24
Financial Statements（F/S）·········· 24
financing activities ·············· 6
fixed assets ················ 154
Free Cash Flow（FCF）········ 70, 74

## G

GDP ···················· 20
goods and services ············· 20
goods in process ·············· 151
goodwill ················ 178, 180
government ················· 20
Governance ·············· 91, 94
growth ················· 52, 81

## H

household ················· 20

## I

ICR（Interest Coverage Ratio）········ 68
IFRS（International Financial Reporting
　Standards）············· 169, 170
information ethics ·············· 44
information literacy ············· 48
inventories ················ 150
investing activities ·············· 6
investors ·················· 18
IR（Investor Relations）·········· 40
IR 情報 ·················· 40
IR 資料 ·················· 40

## J

journal ·················· 120
journal entry ················ 118

## L

ledger ··················· 120
liabilities ·················· 28
listing companies ·············· 19

## M

M&A（Mergers and Acquisitions）··· 178
management resource ············· 5
mandatory disclosure ············· 12

## O

operating activities ·············· 6

## P

PER（Price Earnings Ratio）········· 80
performance ················ 108
posting ··················· 118
PRI（Principles for Responsible
　Investment）··············· 92
private company ··············· 4
productivity ················ 78
Profit and Loss Statement（P/L）
　········ 24, 26, 32, 56, 58, 74, 105, 109
profitability ················· 52

## R

raw materials ················ 151
ROA（Return on Assets）·········· 66
ROE（Return on Equity）········ 66, 80
ROI（Return on Investments）········ 66

## S

shareholders ················· 18
SNS（Social Networking Service）······ 46
Social ··················· 94
solvency ·················· 52
stakeholder ············ 16, 40, 94
stockholders ················ 18
stockholders'equity ············· 29
Sustainable Growth Rate ··········· 80

## T

TAT (Total Asset Turnover) ·········· 76
time series analysis ························· 54
timely disclosure ···························· 12
transaction ································· 112
trial balance ······························· 120
trustworthiness ···························· 48

T 勘定 ········································ 115

## V

voluntary disclosure ······················· 12

## W

worksheet ·································· 146

## 【著者紹介】

**齋藤 雅子** SAITO, Masako さいとう まさこ 〔代表著者, 執筆担当：第1部〕

関西大学総合情報学部教授

博士（商学） 2008年 関西学院大学

〈海外留学歴〉
2013〜2014年 アメリカ・ノーステキサス大学ビジネス学部客員研究員
2017年 インドネシア・トリサクティ大学経済・ビジネス学部研究員

〈主要著書〉
(単著)『企業結合会計の論点－持分プーリング法容認を考える－』中央経済社, 2008年
(単著)『ビジネス会計を楽しく学ぶ』中央経済社, 2011年
(単著)『ビジネスを学ぶ基礎ゼミナール』同文舘出版, 2015年
(単著)『データサイエンティストに求められるビジネスリテラシー――情報がビジネスを
　　　生み出し，マネジメントを支え，社会を変える―』同文舘出版, 2024年
(国際共著, 代表著者)『インドネシアの会計教育』中央経済社, 2015年
(分担執筆)『基本簿記ワークブック（第2版)』第19-20章, 関西学院大学会計学研究室
　　　編, 中央経済社, 2006年
(分担執筆)『財務諸表論』第23章, 平松一夫編著, 東京経済情報出版, 2006年
(分担執筆)『国際財務報告論－会計基準の収斂と新たな展開－』第10章, 平松一夫編著,
　　　中央経済社, 2007年
(分担執筆)『事例でわかる企業分析』第4章, 平松一夫他編著, 東京経済情報出版, 2009年
(分担執筆)『IFRS 国際会計基準の基礎』6-1, 6-4, 平松一夫監修, 中央経済社, 2011年
(共訳)『会計学の研究方法』第10章, 平松一夫監訳, 中央経済社, 2015年
　ほか多数

**河合 由佳理** KAWAI, Yukari かわい ゆかり 〔共著者, 執筆担当：第2部〕

駒澤大学経営学部教授

博士（商学） 2009年 関西学院大学

〈主要著書〉
(単著)『包括利益と国際会計基準』同文舘出版, 2010年
(分担執筆)『基本簿記ワークブック（第2版)』第11-12章, 関西学院大学会計学研究室
　　　編, 中央経済社, 2006年
(分担執筆)『財務諸表論』第25章, 第27章, 平松一夫編著, 東京経済情報出版, 2006年
(分担執筆)『国際財務報告論－会計基準の収斂と新たな展開－』第14章, 平松一夫編著,
　　　中央経済社, 2007年
(分担執筆)『事例でわかる企業分析』第9章, 平松一夫他編著, 東京経済情報出版, 2009年
(分担執筆)『IFRS 国際会計基準の基礎』5-1, 7-1, 平松一夫監修, 中央経済社, 2011年
(分担執筆)『株式会社簿記論』第6-7章, 平松一夫他編著, 中央経済社, 2014年
(共訳)『会計学の研究方法』附録1, 2, 平松一夫監訳, 中央経済社, 2015年
　ほか多数

2025 年 3 月 31 日　　初版発行　　　　　　略称：データ経営分析

## データから企業を読み解く
## 経営分析入門

著　者　ⓒ　齋　藤　雅　子
　　　　　　河　合　由　佳　理

発行者　　　中　島　豊　彦

発行所　同 文 舘 出 版 株 式 会 社
東京都千代田区神田神保町 1-41　　〒 101-0051
営業（03）3294-1801　　　編集（03）3294-1803
振替 00100-8-42935　https://www.dobunkan.co.jp

Printed in Japan 2025　　　　　　　　　　製版：三美印刷
　　　　　　　　　　　　　　　　印刷・製本：三美印刷
　　　　　　　　　　　　　　　　　　装丁：オセロ

ISBN978-4-495-21071-7

JCOPY〈出版者著作権管理機構　委託出版物〉
本書の無断複製は著作権法上での例外を除き禁じられています。複製され
る場合は，そのつど事前に，出版者著作権管理機構（電話 03-5244-5088，
FAX 03-5244-5089，e-mail: info@jcopy.or.jp）の許諾を得てください。

## 本書とともに

**データサイエンティストに求められるビジネスリテラシー**
—情報がビジネスを生み出し、マネジメントを支え、社会を変える—

齋藤雅子 著

A5判　264頁
税込2,970円（本体2,700円）

同文舘出版株式会社